Philipp Luidl Typografie

Philipp Luidl

Typografie

Herkunft
Aufbau
Anwendung

Zweite, überarbeitete Auflage

Verlagsanstalt und Druckerei

© 1989 Schlütersche Verlagsanstalt und Druckerei GmbH & Co. Alle Rechte vorbehalten.

ISBN 3-87706-290-3
Gruppennummer
3
Verlagsnummer
87706
Titelnummer
290
Prüfziffer
3

CIP-Kurztitelaufnahme der Deutschen Bibliothek
Luidl, Philipp:
Typografie: Herkunft, Aufbau, Anwendung Philipp Luidl.
2., überarb. Aufl. – Hannover: Schlütersche, 1989.

Nach dem Urheberrechtsgesetz vom 9. September 1965 in der Fassung vom 1. Juli 1985 ist die Vervielfältigung oder Übertragung urheberrechtlich geschützter Werke, also auch der Texte und Illustrationen dieses Buches – mit Ausnahme der Vervielfältigung gemäß §§ 53 und 54 URG –, ohne schriftliche Zustimmung des Verlages nicht zulässig.
Als Vervielfältigung gelten alle Verfahren einschließlich der Fotokopie, der Übertragung auf Matrizen, der Speicherung auf Bändern, Platten, Transparenten oder anderen Medien.

Buchgestaltung
Walter Schwaiger und Philipp Luidl
Druck Schlütersche Verlagsanstalt und Druckerei GmbH & Co.
Georgswall 4
3000 Hannover 1
2., überarb. Auflage
Gesetzt aus 7 und 9 p Baskerville

Vorwort zur zweiten Auflage

Typografie gibt es, seit es Schrift gibt. Nur wechselte ihr Aussehen mit dem Werkzeug, aus dem Schrift entstand und an das Schrift immer gebunden war. Auch wuchs ihre Bedeutung in dem Umfang, in dem die Bedeutung der Schrift wuchs. Denn mit der Menge der Schrift wurden andere Kriterien für deren Bewältigung notwendig.

Heute stehen wir vor verschiedenen ›Schreibwerkzeugen‹, wie dem der Letter, des Lichts und der Linse wie auch des Kathoden- oder Laserstrahls. Jedem widmet dieses Buch, wo es notwendig wird, seine Aufmerksamkeit. Dabei treten Fachbegriffe so weit in den Hintergrund, wie es die Allgemeinverständlichkeit des Buches verlangt.

Diese Anregung verdanke ich besonders Herrn Walter Schwaiger, der mit mir sowohl den didaktischen wie auch den typografischen Aufbau des Buches besorgte.

Ebenso danke ich Herrn André Gürtler für die Bilder der alten Hand- und Druckschriften im geschichtlichen Teil. Schließlich gilt mein Dank noch Frau Donata Bil, Herrn Prof. Johannes Müller sowie Herrn Gerard Unger für die fachliche Beratung zum Kapitel Fernsehtypografie.

Typografie ist die Anweisung an die Technik, Texte und Daten in lesegerechter Form zu erzeugen. Diese sicher zu kurze Definition wird sich der Leser bei der Lektüre des Buches vielfach erweitern, wozu ich Spaß und Vergnügen wünsche.

München 1988 Philipp Luidl

Inhalt

1	Der Ursprung	11
1.1	Der Begriff	14
1.1.1	Der Gegenstand	14
1.1.2	Die Tätigkeit	14
1.2	Die Entwicklung	15
1.2.1	Das Wort und sein Bild	15
1.2.2	Das Bild im Wandel	15
1.2.3	Der ikonografische Wandel	16
1.2.4	Der semantische Wandel	21
1.3	Zwei Alphabete	34
1.3.1	Die gebrochene Schrift	34
1.3.2	Die runde Schrift	36
2	Das Material	37
2.1	Die Schrift	38
2.1.1	Großbuchstaben (nach dem römischen Alphabet)	40
2.1.2	Kleinbuchstaben (nach dem karolingischen Alphabet)	42
2.1.3	Ligaturen (Buchstabenverbindungen)	43
2.1.4	Akzente (Betonungszeichen)	44
2.1.5	Interpunktionen (Gliederungszeichen)	15
2.1.6	Römische Zahlzeichen	46
2.1.7	Ziffern	47
2.2	Bruchziffern	47
2.3	Linien	48
2.4	Zeichen	49
2.5	Zierate	50
2.6	Typosignale	51
2.7	Vignetten	51

3		Die Ergänzung 53
3.1		Das Firmen- und Markenzeichen 54
3.2		Das fotografische Bild 56
4		Der Aufbau 61
4.1		Das Wort 62
4.1.1		Das Wort und seine Größe für den Setzer 62
4.1.2		Das Wort und seine Größe für den Leser 64
4.1.3		Das Wort und seine verschiedenen Lautstärken 66
4.1.4		Das Wort in der Grafologie der Druckschrift 70
4.2		Die Zeile 78
4.2.1		Die Zeile und ihr Raum 78
4.2.2		Die Zeile und ihre Länge 82
4.2.3		Die Zeile und ihre Anordnung 84
4.3		Die Seite 86
4.3.1		Die Seite und ihr Register 86
4.3.2		Die Seite und ihr Name 88
5		Die Anwendung 91
5.1		Lesen 92
5.1.1		Vom Prozeß des Lesens 92
5.1.2		Vom Charakter des Textes zum Charakter der Schrift 94
5.1.3		Vom Charakter der Schrift zum Charakter der Seite 98
5.1.4		Vom Charakter der Seite zum Charakter des Buches 103
5.2		Verwalten 106
5.2.1		Der Text 107
5.2.2		Die Linie 108
5.2.3		Der Raum 112
5.2.4		Die Maße 114
5.2.5		Die Norm 115
5.3		Werten 120
5.3.1		Die Zeichen 121
5.3.2		Die Anwendung der Zeichen (mathematisch-physikalisch) 122
5.3.3		Die Anwendung der Zeichen (chemisch) 123
5.4		Werben 124
5.4.1		Der Ruftext 125

5.4.2		Der Redetext 126
5.4.3		Die Ausstattung 127
5.4.4		Der Gestaltungsraster 129
5.5		Senden 132
5.5.1		Die Bildröhre 132
5.5.2		Das Format 134
5.5.3		Der Raster 135
5.5.4		Das Auflösungsverhältnis 136
5.5.5		Schrift auf dem Bildschirm 137
6		Anhang 139
6.1		Maßtafel 140
6.2		Römische Zahlzeichen 141
6.3		Namens- und Sachregister 142
6.4		Bild- und Textnachweis 146

1 Der Ursprung

Er liegt nach wie vor im verborgenen. Ab einer bestimmten Zeit aber lassen sich gewisse Konturen erkennen, wird es allmählich Tag.
Für uns ist Geschichte interessant, weil sie zum besseren Verständnis der heutigen Situation beiträgt. Daß auch wir im Falle der Schrift weitgehend einer Hypothese folgen, ist unvermeidlich, da es hier nur wenige gesicherte Erkenntnisse gibt. In der Darstellung der Entwicklung von den Hieroglyphen bis zur Karolingischen Minuskel stützen wir uns auf die gekürzte These von Georg Weidmüller, München.

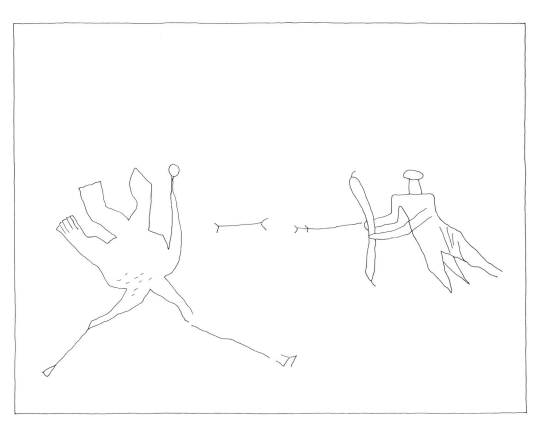

So könnte es gewesen sein: Ein Jäger läßt seinen verirrten Pfeil im Baum stecken, weil er überrascht wurde. Ein anderer sieht ihn und versteht das Zeichen, wie es das Bild schildert. Der Pfeil war nicht von Anfang an als Schrift gedacht, erst eine Laune hat ihn dazu gemacht.

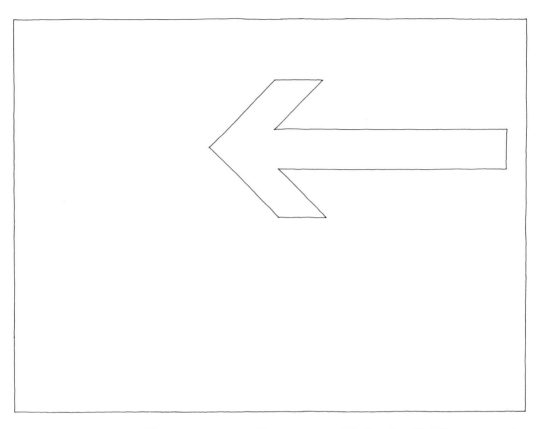

Heute versuchen wir Launen auszuschließen, dem Zufall voraus zu sein. Das verlangt eine Übereinkunft derer, die die Zeichen gebrauchen. Inhalt und Form des Zeichens müssen genau definiert sein, damit sicher ist, daß Schreiber und Leser darunter das gleiche verstehen.

1.1 Der Begriff

Im Umgang mit der Schrift treffen wir immer wieder auf Worte, die aus einer früheren Zeit übernommen wurden und teilweise auf fremde Sprachen zurückgehen. So verhält es sich auch mit dem Begriff Typografie. Er ist aus zwei Worten zusammengesetzt, die beide ihren Ursprung im Griechischen haben. τύπος (Typos) bedeutet Gepräge (das Geprägte) oder Form und geht auf τύπτειν (typtein) schlagen zurück. Das zweite Wort ist γράφειν (graphein) und heißt schreiben.

Das griechische τύπος wurde im Lateinischen zu typus und im Deutschen zu Typ. Demnach können wir den Begriff Typografie mit ›Typen schreiben‹ übersetzen, was anders ausgedrückt auch ›mit Lettern schreiben‹ heißen könnte. Beide Male nennen wir dabei einen Gegenstand und eine Tätigkeit.

1.1.1 Der Gegenstand

Wenn wir heute etwas als typisch bezeichnen, so wollen wir damit sagen, daß es sich um etwas Aus-geprägtes handelt. Ähnlich war die Bedeutung ja schon im Griechischen. Wir können annehmen, daß das Wort ›typtein‹, als schlagen, vielleicht auch das Meißeln einbezog. Der später daraus abgewandelte Begriff umfaßte dann nur noch das Produkt dieser Tätigkeit und ging allmählich vom Produkt auf die Form des Produktes über.

Die Form war zu Beginn unserer Schriftgeschichte zunächst ein Umriß von Dingen. Diese konnten von vielen erkannt, aber nicht von allen gedeutet werden. Dazu war es nötig, das Bild und den dazugehörenden Sinn zu erlernen. Wobei jedes Bild eine ebenso enge Bedeutung wie Kontur besaß. Die Kontur war eindeutig und treffend, also typisch.

Während der Erfindung der Druckkunst um 1450 suchte Gutenberg zum Guß wieder die aus-geprägteste Form, um seine Buchstaben eindeutig und treffend zu machen. So bürgerte sich allmählich für den Druckbuchstaben der Begriff Type in der Sprache der Setzer und Drucker ein.

1.1.2 Die Tätigkeit

Gehen wir noch einmal auf den griechischen Ursprung des Wortes Typografie zurück, so finden wir dort ›Schreiben‹ noch nicht auf ein bestimmtes Werkzeug bezogen, sondern schlicht als ›Ausführen von Schrift‹ verstanden. Ähnlich können wir auch Drucken als Wiedergabe von Schrift mit Schreiben gleichsetzen.

Wie zum Schreiben aber nicht nur das Aneinanderreihen von Buchstaben gehört, sondern die gesamte Aufbereitung von Text, also auch dessen Größe, Höhe und Breite, so umfaßt der Begriff Typografie auch mehr als nur Worte und Zeilen. Er meint die gesamte Tätigkeit, die einer sprachlichen Botschaft eine gleichrangige optische Form gibt.

1.2 Die Entwicklung

Zwei der entscheidendsten Momente in der Geschichte der Menschheit bleiben undatiert: der Tag, an dem der Mensch sich aufrichtete und senkrecht ging, und der Tag, an dem er zu sprechen begann. Womöglich war es derselbe Tag, denn es könnte sein, daß die Sprache ihm auch körperlich auf die Beine half.

Die Sprache, so dürfen wir annehmen, benützte der Mensch zunächst überwiegend als Werkzeug. Wobei er vermutlich auch die Technik erlernte, mit ihr die Angst zu beherrschen. Denn die Sprache als reines Mittel der Verständigung hätte ihn nicht sehr weit über das Animalische hinausgehoben. Worin er sich von allen anderen Wesen unterschied, war nicht allein der Glaube an eine höhere Macht, sondern die Möglichkeit, mit dieser zu kommunizieren. Diese Macht personifizierte der Mensch. Denn was er sich nicht vorstellen konnte, dem konnte er auch nicht gegenübertreten. Da er sie aber nie zu Gesicht bekam, machte er sich ein Bild von ihr.

1.2.1 Das Wort und sein Bild

Es ist, glaube ich, nicht falsch, wenn wir die Geschichte der Schrift dem Erwachsenwerden des Menschen gegenüberstellen. Denn so wie ein Kind das Sprechen zunächst mit dem Üben von Namen lernt, weil Gegenstände ihm etwas Vertrautes und Greifbares sind, so dürfen wir hinter den ersten Worten der Menschen auch Namen vermuten.

Diese Namen, die man den Dingen gab, konnten verhältnismäßig leicht mit einer Darstellung dieser Dinge verbunden werden. Zum Namen wurden die Worte aber erst, als man sie regelmäßig mit den Dingen in Verbindung brachte.

Schreiben und Lesen setzte also zweierlei voraus: einmal, daß ein bestimmtes Wort zu einem bestimmten Bild gehörte und dann, daß dieses Bild eben nur für das eine Wort gebraucht wurde.

1.2.2 Das Bild im Wandel

Der Gedanke des Weiterlebens, und sei es in anderer Gestalt, hat den Menschen von jeher bewegt. Die Schrift stellte auf ihre Weise solch eine Möglichkeit dar. Sie hielt das Wort des Menschen über seinen Tod hinaus gegenwärtig. Um diese Gegenwart recht lange zu erhalten, suchte man dem Wort das verläßlichste Material, das es gab: den Stein.

Da Bilder stumm sind, müssen sie, um verständlich zu werden, für bestimmte Aussagen die Gestik anwenden. Das heißt, ihre Bedeutung erhalten sie erst durch das Deuten. Wobei sie häufig seitlich dargestellt wurden, da so ihre Bewegung besser zu erkennen war. In einer seitlichen Stellung verweilen übrigens viele unserer Buchstaben (B, C, D, E, F, G, K, L, P, R) heute noch. Sie hatte den Vorzug, nicht nur Gegenstände, sondern auch Vorgänge zeigen zu können. Mit anderen Worten: Zum Substantiv kam das Verb.

Diese Bilder, von den Griechen später als heilige Rillen oder Kerben (Hieroglyphen) bezeichnet, waren zunächst in Grabkammern oder an Tempelwänden zu finden. Es war Ägypten, das am Beginn einer gliederreichen Kette stand, deren vorläufig letztes Glied unser sogenanntes kleines Alphabet ist.

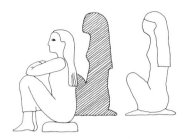

Der Ursprung unseres Alphabetes geht auf den Umriß von Menschen, Tieren und Gegenständen zurück

Da diese Bilder in ihrer Wiederholung immer gleich waren, geriet der Schreiber in die Versuchung, sie zu vereinfachen. Eine gewisse Bequemlichkeit, eine gewisse Unachtsamkeit führten zur Veränderung.

An diesem Wandel wirkten aber noch zwei Faktoren entscheidend mit: Einmal unterlag der Beschreibstoff und damit auch das Schreibgerät einer gewissen Neuerung, zum anderen fand ständig eine Anpassung an das jeweils herrschende Formempfinden statt.

1.2.3   Der ikonografische Wandel

Auch wenn der Steinmetz mit dem Meißel nur nachvollzog, was er mit dem Binsenpinsel vorgezeichnet hatte, so entstanden durch Meißel und Stein doch Bilder mit einem unverwechselbar eigenen Duktus. Dieser änderte sich, als zum Pinsel der Papyrus kam. Der leichtere Umgang mit dem Material wurde auch zu einem schnelleren Umgang mit dem Bild, und wohl auch zu einem freieren. Nach und nach büßten die Bilder ihre ursprüngliche Form ein. Aus der Zeichnung wurde ein Zeichen. Aus den sogenannten hieratischen Hieroglyphen entstanden die demotischen. Man schätzt heute, daß es etwa siebenhundert Zeichen gewesen sein müssen.

Von Ägypten gelangten die Zeichen über den Sinai nach Phönizien. Dort begnügte man sich mit einer verhältnismäßig geringen Zeichenzahl, wobei die Form der Zeichen weiter vereinfacht, ihre Linienführung geschliffener wurde.

Vermutlich über Zypern und Kreta kamen sie nach Griechenland. Die Griechen reduzierten die vielfältigen Zeichenformen auf Rechteck, Dreieck und Kreis, was der Schrift nicht nur ein geometrisches Aussehen verlieh, sondern sie zu einem rationalen und ökonomischen System machte, das mit wenigen Elementen äußerst variabel war.

Die Römer haben diesen Grundraster als Basis beibehalten, dennoch etruskische Schriftelemente in ihr Alphabet aufgenommen. Ihr wesentlicher Beitrag zur Schriftform bestand in der Einführung unterschiedlicher Strichstärken innerhalb eines Buchstabens, wie auch in der nunmehr konsequenten Einbeziehung der oberen und unteren Begrenzungslinie in die Buchstabenform.

Während zum Schreibwerkzeug der Phönizier überwiegend der Meißel und das Rohr zählten, kannten die Griechen auch noch den Griffel (Stilus). Mit ihm wurden Wachstäfelchen beschrieben. Das heißt, die Schrift wurde in Wachs geritzt, wobei die Notiz wieder gelöscht werden konnte, indem man das Wachs glättete. Im dritten Jahrhundert n. Chr. kam dann das Pergament als Beschreibstoff hinzu.

Sicher dürfen wir annehmen, daß auch die Römer diese Schreibtechniken kannten. Es erklärt unter anderem, weshalb sie mehrere Schriften gleichzeitig pflegten: in Stein die Capitalis monumentalis, auf Papyrus und Pergament die Capitalis quadrata, die Rustica und die Versalkursive, letztere ritzten sie auch in Wachs.

Für den Formenwandel sorgten vor allem das Schreibrohr und der Griffel: das Schreibrohr, weil es durch eine unterschiedliche Handhabung einen anderen Strich erzeugte; der Griffel, weil er vor allem in privaten Notizen sich nicht an die offizielle Buchstabenform hielt.

Wesentlicher aber als die stilistischen Einflüsse der Zeit auf die Schrift war der allmähliche Wandel vom geschlossenen zum filigranen Schriftband. Die ursprünglich klare obere und untere Begrenzung (Capitalis quadrata, Rustica, Unziale), die die Schrift innerhalb zweier Linien stellte (Zweilinienaufbau), wurde erst zögernd (Halbunziale), dann immer stärker durchbrochen, bis das Band schließlich nach oben und unten ausfranste (Karolingische Minuskel).

Die Tendenz dazu ist schon in der römischen Versalkursive und geringfügig auch an der Rustica festzustellen. In der Karolingischen Minuskel findet sie ihren Abschluß. Die Buchstaben stehen innerhalb von vier Linien (Vierlinienaufbau) und teilen sich in sogenannte Mittel-, Ober- und Unterlängen.

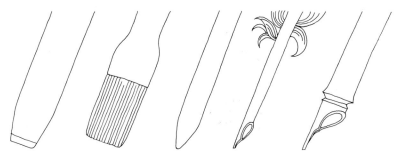

Schreibwerkzeuge der vorgutenbergischen Zeit in Ägypten, Phönizien, Griechenland und Rom: Meißel und Pinsel für Stein und Ton, Griffel für Wachstäfelchen, Federkiel für Pergament und Schreibrohr für Papyrus und Pergament

Diese Schriftgeschichte nach Georg Weidmüller ist stark gekürzt wiedergegeben. Der Hinweis auf die Schrifttechniken ist nicht ausschließlich zu verstehen. Es können auch andere Materialien verwendet worden sein

	Beta	Delta	Digamma
Ägyptisch, etwa 3000 v. Chr. gemeißelt, geschnitten und geschrieben			
Ägyptisch, etwa 1500 v. Chr. gemeißelt, geschnitten und geschrieben			
Phönizisch, etwa 1300 v. Chr. gemeißelt und geschrieben			
Frühgriechisch, etwa 600 v. Chr. gemeißelt, geschrieben und in Wachs geritzt			
Griechisch, etwa 200 v. Chr. gemeißelt, geschrieben und in Wachs geritzt	B	Δ	F
Römisch, etwa 300 n. Chr. gemeißelt und geschrieben	B	D	F
Römisch, etwa 300 n. Chr. gemeißelt und geschrieben	B	D	F
Spätrömisch, etwa 400 n. Chr. geschrieben	B	D	F
Spätrömisch, etwa 500 n. Chr. geschrieben	b	d	f
Karolingisch, etwa 800 n. Chr. geschrieben	b	d	f

c	k	l	m	p	s
Gamma	Kappa	Lambda	My	Pi	Sigma

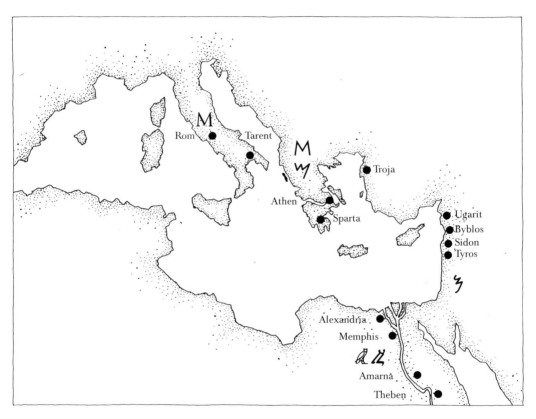

Die Schrifthistoriker sind sich nicht in allen Punkten einig, was die Geschichte der Schrift betrifft. So vertreten sie auch verschiedene Thesen über den Weg der Schrift von Ägypten nach Rom. Manche vermuten, daß auch Zypern und Kreta darin eine Rolle gespielt haben.

1.2.4 Der semantische Wandel

Der Sinn der Felsbilder, die wir als Vorläufer unserer Schrift betrachten, ist nach wie vor umstritten. Einerseits wird von Jagdmagie und Fruchtbarkeitskult gesprochen, andererseits werden auch Initiationsriten in Betracht gezogen. Jedoch scheint festzustehen, daß sie nicht als Kunstwerke, sondern als Form einer Mitteilung gedacht waren. Somit dürfen wir sie zu Recht an den Anfang unserer Schriftgeschichte stellen.

Lassen wir die unbekannten Zwischenstufen außer acht, und gehen wir zu den ägyptischen Hieroglyphen, so stehen wir vor Sinn-Bildern. Sie teilten einen Vorgang oder Tatbestand mit, indem sie ihn darstellten. Da die Vokale mehr wie Betonungen gehandhabt wurden, erblickte man in den Bildern nur die Konsonanten des entsprechenden Wortes. Die Vokale wurden praktisch nicht geschrieben.

Im Laufe der Zeit wurden die Bilder nicht mehr als Sinn-Zeichen, sondern mehr als Klang-Zeichen verstanden. Man schrieb mit ihnen nun auch Worte, die ähnlich klangen. Das heißt, der Sprachinhalt der Zeichen war nicht mehr unbedingt mit dem Bildinhalt identisch. Das ging schließlich so weit, daß man mehrere Zeichen dem Klang entsprechend zu einem gleichklingenden Wort zusammenfügte.

Manchmal kam den Zeichen auch symbolische Bedeutung zu. So verkörperte die Lotosblume, da sie in Ägypten reichlich vorhanden war, die Zahl Tausend.

In dieser Gestalt lernten die Phönizier die Zeichen kennen. Aus den annähernd siebenhundert wählten sie zweiundzwanzig und bestimmten diese für je einen Laut ihrer Sprache. Diesen Konsonantenzeichen gehörte natürlich unsichtbar ein Vokal an. Dennoch hatten die Phönizier hiermit den ersten Schritt zur phonetischen Schreibweise getan.

Weiter ausgebaut wurde diese Schreibweise von den Griechen. Sie schufen erstmals für die Vokale Zeichen, so daß nun auch der ehemalige Konsonantenbeiklang geschrieben werden mußte. Damit war man zum Einzellautzeichen gelangt, das heißt zur endgültigen phonetischen Schreibart.

Das Alphabet in seiner heutigen Form vollendeten aber erst die Römer, wenn auch zu Beginn noch nicht alle sechsundzwanzig Zeichen vorhanden waren. Das K wurde durch ein C, das J durch ein I, und W und U wurden durch V ersetzt. Dennoch war damit im wesentlichen unser heutiges Alphabet geboren.

Wenn wir uns noch einmal an das Bild als den Ursprung der Schrift erinnern, so mit der Frage, ob das aus Buchstaben zusammengefügte Wort dem Bild tatsächlich überlegen ist?

Wir zeigen hier eine Darstellung des Himmels. Das Bild könnte ebensogut Wolken, Weite oder Höhe bedeuten. Es ist in seinem Ausdruck reicher, in seiner Genauigkeit aber ärmer.

HIMMEL
HIMMEL
himmel
Himmel
Himmel
Himmel

Die Schrift spiegelt keinen Gegenstand mehr. Ihre Gestalt gibt stattdessen die Meinung einer Zeit wieder, wird damit zum Ausdruck einer geistigen Haltung. So grenzt das gedruckte Wort den Spielraum der Mehrdeutigkeit ein. Wie das Wort Himmel hier zeigt, ist die Schrift sogar in der Lage, den Begriff zu unterteilen und ihn auf eigen-artige Weise zu bestimmen.

Ägyptische Hieroglyphe
für Himmel

MONSTRANTEVIM
CONVOLSAEVNDISE
VSEGENSLIBYAEDES
QVEASIAPVLSVSNEC
SMEDIOSICINTERFA
SHAVTCREDOINVISV
RPISTYRIAMQVIADV
DOADQVEHINCTEREG
TIBIREDVCESSOCIOSC
TINTVTVMVERSISAQV
AAVGVRIVMVANIDO
SENOSLAETANTISAGM
QVOSLABSAPLAGAIOVI
CALONVNCTERRASO

Capitalis quadrata
Handschrift
Wahrscheinlich viertes bis
fünftes Jahrhundert.
Abbildung in
Originalgröße.
Ausschnitt aus dem Werk
›Aeneis‹ des lateinischen
Dichters Vergil.
Aufbewahrt
in der Stiftsbibliothek
St. Gallen

QVANTISIACTATVMNATEPERI
ETVI·NEQVIDMBYAETIBIREGNA
MTVAMEGENITORTVAIRISTI
CCVRRENSHAECIIAVNATEND
IETYRAHENOCLASSESDAIVNG
ORTEQVEAMPLEXVNESVITRAE
ORANSLARGOILETVSIMVLORA
VSIBICOLLODAREBRACCHIACI
TRACOMIRESSAMANVSETTVG
VIDETAENEASINVALLEREDVCT
MNEMVSETVIRGVLTASONANTI
UOCAEDOMOSPLACIDASQVIPRA
RCVMINNVMEREGENTESPOPVLI
INPRATISVBIAPESAESTATESER
SINSIDVNTVARIISETCANDID
NDVNTVRSTREPITOMNISMVR
CITVISVOSVBITOCAVSASQVERE
AENEASQVAESINTEAFLVMINA
RITANTOCOMPLERINTAGMIN

Capitalis rustica
Handschrift
Fünftes Jahrhundert.
Abbildung in
Originalgröße.
Ausschnitt aus dem Werk
›Aeneis‹ des lateinischen
Dichters Vergil.
Aufbewahrt in den
Vatikanischen
Bibliotheken in Rom

TIQUORUMESSEPRAENUNT
NUNCAELORUMTUUMEST
NUNCINMAGNAGRATIARUM
CONFITERIETPSALLEREDNO
AITAUDIUIMUSHABITUETCOR
LITXTISORNATAES·UTLINGUA
TITUAEDAUITICAUERBACON
BONUMMIHIESTQUODIU
MEUTDISCEREMIUSTIFICA
TUASADICCERETETIAMQUOD
SETUITURUIRPOTEST BONU
ESTLEXORISTUISUPERMILIA
ARCENTIELEGISTIENIMPON
SAUROSTUOSINPRAECEPTO
MIETDO DICIMUSETNOSCO
LANTESTIBIINUERBISPROP
GAUDEFILIASION LAETAREF
RUSALEM·ETOBLIUISCERE
RUMQUAETIBIDEBUIUSSA
BONISORTASUNT QUAEELE

Unziale
Handschrift
Achtes Jahrhundert.
Abbildung in
Originalgröße.
Ausschnitt aus einem
Evangeliar.
Aufbewahrt in der
Universitätsbibliothek
Basel

loco ddno manor peccatu
et apparet peccatum per
bonum mihi operatum est
mortem consurrixit per
omhuribidit. sed peccatu
non cognouimus per legem
Nam concupiscentiam nesci
rebam uisi lex diceret no
concupisces et tsuperius per
legem cognitio peccati hoc
enim erbi dixit ut apparet
at peccatum uallud quod
dixerat si ne lege enim pec
catum mortuum est si Non
intellegimur tsicumqua
Non sit latet non apparet.
penitus non adsit tumqua
in iis rebus quibus Non ad se
ac nebrim sit reputatu est
quodam tzo ad utrum uiueba

Halbunziale
Handschrift
Erste Hälfte des fünften
Jahrhunderts.
Abbildung in
Originalgröße.
Ausschnitt aus den
Entgegnungen des
hl. Augustinus zu den
Briefen des Pelagianus.
Aufbewahrt in der
Bibliothèque de la Ville
d'Orléans

Et eiecit a facie eorū
gentes· & sorte di
uisit eis terram.
in funiculo distri
butionis·
Et habitare fecit in
tabernaculis eorū
tribus istrahel·
Et temptauerunt..
& exacerbauerun
dm̄ excelsum· & te
stimonia eius non
custodierunt·
Et auerterunt se..
& non seruauerunt

Karolingische Minuskel
Handschrift
Um 860.
Geschrieben in St. Gallen.
Abbildung in
Originalgröße.
Ausschnitt aus dem
Folchart-Psalter.
Aufbewahrt in der
Stiftsbibliothek St. Gallen

uitate & tremore fiat. & cui uiserit
tiositas De ope manuum coti
O unimica e anime. & ideo certis
porib; occupari debent frs
re manuum. certis iterum horis in
diuina. Ideoq; hac dispositione cre
utraq; tempora ordinari. id e ut
usq; ad kalendas octobris excuntes
usq; horam pene quartam laborent
necessarium fuerit. Ab hora aut
usq; horam sextam lectioni uacent.
sextam aut surgentes amensa pau
lectis suis cum omni silentio. aut
uoluerit legere sibi. sic legat ut
inquietet. Et agatur nona tem
mediante octaua hora. & iterum
endum e opentur usq; ad uespam.
necessitas loci aut pauptas exegerit
fruges colligendas p se occupentur
tristentur. quia tunc uere monachi
si labore manuum suarum uiuunt.

Frühgotisch
Handschrift
Frankreich 1144.
Abbildung in
Originalgröße.
Ausschnitt aus einem
Martyrologium.
Aufbewahrt in der
Universitätsbibliothek
Basel

ūbo cr̄pſtius m̄ſtuli. Quē li
brū laciniofis hinc inde ver
bor̄ funib; trahūt edicōi uulga
ta: ad tes ea que er tēpore di
a potetāt er audiūt: ſicut ſo
litū eſt ſcolaribz diſciplinis
ſūptor̄ꝫ themate excogitaē
quibz obuis ut potuit: qui
iniuriā paſſus eſt uel ille qui
iniuriā fecit. Vos autē o pau
la er euſtochiū qm̄ in bibli
otheras uideor ſtudiufiſſ ī
tare er inṫpretū certamina
ōpȝ baſtus: reuēros heſter
hebraicū librū per ſigula v
ba ṫnſlacionē neām aſpu
te: ut poſſitis cognoſcē me
nichil etiā augm̄etaſſe addi

Gotisch (Textur)
Handschrift 1443.
Geschrieben in Basel.
Abbildung in
Originalgröße.
Ausschnitt aus einer Bibel.
Aufbewahrt in der
Universitätsbibliothek
Basel

et nō triumphastis ī nomine meo de
pditione inimicorū vrorū: sed adhuc
nūc usque murmurastis. Vbi lūt be-
neficia q̄ p̄stiti vobis? Mōne ī deserto
tū esuriretis proclamastis ad me di-
centes: ut qd nos ī desertū istud addu-
xisti inificere nos? Meli9 nobis fuerat
servire egiptijs: q̄ mori ī deserto hoc.
Ego dolui gemitus vros: ꝝ dedi vobis
manna ī escam. Panē angeloꝝ man-
ducastis. Nonne cū sitiretis petrā teci-
di: et fluxerūt aque ī saturitate? Pro-
pter estus folijs arboꝝ vos tei. Divi-
si vobis terras pingues: chananeos
et pherezeos ꝝ philistinos a facie vra
proieci. Quid faciā vobis adhuc dicit dn̄s? Hec dicit dn̄s omnipotens.
In deserto cū essetis ī flumine amorre-
o sitietes et blasphemātes nomē me-
um: nō ignē vobis p̄ blasphemijs dedi: sed mittes lignū ī aquā dulce feci
flumē. Quid tibi faciā iacob? Nolui-
sti obedire iuda. Trāsserā me ad alias
gītes: ꝝ dabo eis nomē meū: ut custodi-
ant legitima mea. Quoniam me dere-
liquistis: ꝝ ego vos derelinquā. Peten-
tibz vobis a me misericordiā nō mise-
rebor: quādo invocabitis me ego non
exaudiā vos. Maculastis enī manus
vestras sāguine: ꝝ pedes vri impigri
sunt ad comittenda homicidia. Non

Gotisch (Textur)
Druck
Um 1450.
Gedruckt in Mainz.
Abbildung annähernd
in Originalgröße.
Ausschnitt aus der
42zeiligen
Gutenberg-Bibel.
Aufbewahrt in der
Yale University Library

e xioue ingrediente angulum hora luminati
um conuentus solis in geminos ingressum
pcedentis. et ex luna in exaltatione sua at
que eo magis qp ipsa est ascentis coniunctio
nis domina. Confirmat hoc dominus domus
lunae in medio caeli. Deinceps uo p maiore
anni ptem erit in uili ptio

Olei pariter pcium uilescet ex domino loci
coniunctionis pcedentis stationem pmam
incadente & haec snia Auenhesra. Confirmat
hoc dominus ptis oliuarum in cadente hora
reuolutionis. Virgo insup anni ascens ex snia
Albumassaris in astronomia uli tractatu iii
dta vi. oliuarum abundantia sig

Vini copia non exigua fore uidetur ex pte v
uarum in anglo x. hora reuolutionis. Et erit
eius ptium uile admodum ex domino ptis
incadente

PARTICVLA TERTIA
DE STATV POPVLO-
RVM

Humanistische Minuskel Handschrift 1474. Geschrieben im Scriptorium des Vespasiano da Bisticci in Florenz. Abbildung in Originalgröße. Ausschnitt aus dem Iudicium Astrologicum pro Anno 1475. Aufbewahrt in der Yale University Library

confugientibus Sylla ad illū accedere: & hoc tantū Fimbrię di/
cere suaserat ꝗ se Syllę dedissent. Quibus pceptis Fimbria eos
ueluti romanorū amicos collaudauit: monuitꝗ ut se etiā roma/
norū ciuē existentē intra urbē reciperēt: per ironiā fassus roma/
nos atꝗ Ilienses inter se cognatione deuinctos esse. Ita urbē in/
gressus omnes sibi obuios occidit: urbem incendit: illos qui ad
Syllā legati ierant uarie cōfecit: nullis preterea sacris pepercit:
neꝗ ijs qui ad Palladis templū cōfugissent: quos cū templo si/
mul igne cōflagrauit. Disiecit & urbis moenia: & sequenti die
omnia diligenter collustrans oculis an aliquid ex urbe supesset
adhuc inuestigauit. Hęc igit̄ deteriora ijs quę ab Agamemno/
ne olim pertulisset ab cognatis passa Iliensium ciuitas funditus
interijt, ut nullū illis domiciliū nullū tēplū ac ne statua quidē
esset residua. Palladis quippe sacrariū quod Palladiū uocant &
a Ioue missum putāt oraculū tunc illesum inuentū referūt, pa/
rietibus supra ipsū delapsis & undiꝗ operiētibus: nisi Diome/
des illud & Vlyxes bello troiano ut aiunt ex urbe sustulerunt.
Hęc igit̄ a Fimbria i Ilienses gesta tertia & cētesima olympiade
tūc primū finiente: quod nō nulli arbitrāt̄ post Agamemnonē
mille & qnquaginta annis huic urbi accidisse. Mithridates ex
quo cladē ad Orchomenū acceptā intellexit animo cōsiderans
quantā a principio multitudinē in gręcia misisset: quam ue in
presenti esset habiturus & in breui interitū omniū sibi affutu/
rū putans ad Archelaū misit ut quoad liceret honestiores belli
inducias studeret adipisci. Is ergo cū Sylla in colloquiū delatus
hęc inquit. Amicus uobis paternus existens o Sylla Mithrida/
tes rex ob aliorū imperatoꝝ auariciam coactus est decertare. ob
tuā aute uirtutē finē huic bello cupit īponere: ob quā iusta illi
imperaturū te esse nō dubitat. Sylla igit̄ ob nauiū defectū ac pe
cuniarū inopiā quę nullę mittebant cū nihil residui ex domo
euēturū speraret ab inimicis hostis iudicatus absumptis iam ijs
quę in pythia olympia & epidauro fuerant pecunijs ꝓ quibus

m 2

Venezianische Antiqua
Druck 1477.
Gedruckt in Venedig von
Erhard Ratdolt.
Abbildung in
Originalgröße.
Ausschnitt aus der
Historia Romana des
Appiarius.
Aufbewahrt in der
Universitätsbibliothek
Basel

1.3 Zwei Alphabete

Schrift war neben etwas Lesbarem auch immer etwas Sehenswertes. Sie stellte nicht nur den Text, sondern gerne auch sich selbst dar.

Den Beginn eines Kapitels, manchmal auch den eines neuen Absatzes, wußten die Schreiber zuweilen reich zu verzieren. In karolingischer Zeit wählten sie dazu häufig Buchstaben aus dem Alphabet der Rustica, der Unziale oder Halbunziale.

Etwa um 600 n. Chr. begann man gewisse Begriffe hervorzuheben, indem man sie wie die Kapitelanfänge aus Schriften älterer Alphabete schrieb. Während zunächst immer ganze Worte auf solche Weise ausgezeichnet wurden, ging man in der Gotik, vor allem aber in der Renaissance, dazu über, nur mehr den Anfangsbuchstaben dieser Worte hervorzuheben.

Diese an sich belanglos erscheinende Gepflogenheit war in Wahrheit nichts anderes als der Beginn unserer Groß- und Kleinschreibung.

Der Humanistischen Minuskel, die aus der Karolingischen Minuskel entwickelt worden war, stellte man römische Buchstaben voran. Man mischte also nicht nur eine Schrift im Vierlinienaufbau mit einer im Zweilinienaufbau, sondern damit auch eine dynamische Form mit einer statischen.

Heute wird uns selten bewußt, daß unsere sogenannten Groß- und Kleinbuchstaben nichts anderes als zwei stilistisch völlig verschiedene Alphabete sind.

1.3.1 Die gebrochene Schrift

Lange Zeit blieb die Minuskel die beherrschende europäische Schrift. Doch war auch sie dem Stilwandel unterworfen. So wurde sie ab dem zwölften Jahrhundert sichtbar enger geschrieben, und im dreizehnten Jahrhundert weisen die runden Buchstabenformen in der oberen Hälfte bereits einen Knick auf. Im vierzehnten und fünfzehnten Jahrhundert wurden die Rundungen dann vollends gebrochen, und um die Zeit der Erfindung der Druckkunst erreichten die Buchstaben ihre markante Gitter- oder Gewebestruktur.

Obwohl Gutenberg in seinen Lettern die Handschrift so getreu wie möglich nachbilden wollte, gelang ihm das nicht ganz. Die Buchstaben flossen nicht mehr aus der Feder, sie wurden dem Papier oder Pergament aufgedrückt. Aus einer lebendigen Schrift mit allen Unregelmäßigkeiten wuchs eine starre, in allen Linien identische.

Die ausdrucksstarke Gitterstruktur der hochgotischen Schrift (Textur, gedruckt um 1450) wandelte sich, vorwiegend in Italien, zur rundgotischen (Rotunda um 1480), indem man den rautenartigen Ansatz der Kleinbuchstaben zu Bogen umformte. In der spätgotischen Type (Schwabacher um 1490) finden sich Elemente der spätgotischen Kursive. Da und dort kehrt in den Kleinbuchstaben der Rautenansatz zurück. Im ganzen wirkt die Schrift gedrungener und breiter. Die Renaissance schließlich (Fraktur um 1500) führt die Kleinbuchstaben wieder näher an die Gitterstruktur heran. Auch tritt der Rautenansatz wieder stärker hervor. Hingegen klingt in den Schnörkeln, vor allem der Großbuchstaben, schon das Barock an. Seine gebrochenen Schriften unterscheiden sich kaum von denen der Renaissance, wie auch der Klassizismus keine großen Veränderungen bringt, sieht man von der etwas breiteren Gestalt der Kleinbuchstaben und dem Wegfall der Schnörkel bei den Großbuchstaben in manchen Schriften einmal ab. Das Biedermeier bietet erstmals fette Garnituren. Der Jugendstil vermischt gebrochene und runde Formen und schafft damit etliche Bastarde.

Textur	𝕾𝖈𝖍𝖗𝖎𝖋𝖙𝖇𝖎𝖑𝖉
Rotunda	Schriftbild
Schwabacher	Schriftbild
Fraktur	Schriftbild

Heute sind die gebrochenen Schriften beinahe geschichtliche Vergangenheit. Zusammengefaßt werden sie unter dem Sammelbegriff ›Fraktur‹, auch wenn dieser Begriff schon dem Renaissance-Typus der gebrochenen Schriften vorbehalten war. Verschiedentlich werden die gebrochenen auch als deutsche Schriften bezeichnet.

1.3.2 Die runde Schrift

Der Humanismus, der im vierzehnten Jahrhundert, von Italien ausgehend, den gesamten Kontinent erfaßte, hatte das römische Ideal zum Vorbild. Daß die Gelehrten nicht nur im Text, sondern auch in der Schrift römisch sein wollten, braucht nicht betont zu werden. Das führte sie bei den Kleinbuchstaben über die gotische Schrift zur Karolingischen Minuskel zurück, die sie leicht abwandelten und deren Ergebnis wir heute als Humanistische Minuskel bezeichnen. Die Großbuchstaben entlehnten sie aus Rom (Capitalis quadrata). Diese Zusammenstellung war stilistisch nicht sehr glücklich, was man heute noch spürt.

Großbuchstaben nach der römischen Schrift

SCHRIFT

Kleinbuchstaben nach der karolingischen Schrift

schriftbild

Beide Schriften gemischt

Schriftbild

Seit dem fünfzehnten Jahrhundert gibt es in Europa zwei Schriftformen: die gebrochene (Fraktur) und die runde (Antiqua). Die runde Form, im Volksmund auch als lateinische Schrift bekannt, erhält die Bezeichnung Antiqua, weil sie auf die vorgotische, also ältere Schrift, die »littera antiqua«, zurückgeht.

Die noch eng an die Handschrift der Humanisten angelehnte Drucktype (Renaissance-Antiqua um 1500) gelangt im Barock unter den Einfluß des Kupferstiches (Barock-Antiqua um 1600). Dieser bleibt noch im Klassizismus erhalten (Klassizistische Antiqua um 1760). Der sich daran anschließende Schriftcharakter (Serifenbetonte Linear-Antiqua und Serifenlose Linear-Antiqua nach 1800) ist ein Spiegelbild der Industrialisierung.

Was die nachfolgende Zeit an Schriften hervorbringt, sind entweder Mischformen aus den vorangegangenen oder solche, die sich wieder an der Handschrift orientieren. In Zukunft wird der Fotosatz sicher für Neuerungen sorgen.

Das Material

Sicher ist Schrift das, womit der Setzer am häufigsten arbeitet. Aber ebenso unentbehrlich für ihn sind Bruchziffern, Linien, ist Zierat und Ornament, sind Zeichen, Typosignale und Vignetten.

Bei all diesen Dingen handelt es sich um festgelegte, standardisierte Sinn- und Symbolträger, die in größerer oder kleinerer, aber immer gleicher Form verwendet werden.

2.1   Die Schrift

Druckschriften können heute dreierlei sein: Buchstaben aus Metall, Buchstaben als Negativ oder Buchstaben in Form digitaler Steuerimpulse.

Von den Metallschriften, die im Handsatz aus einer Legierung von 67 Prozent Blei, 28 Prozent Antimon und 5 Prozent Zinn bestehen,

Metallbuchstabe

1 Schriftbild
2 Achselfläche
3 Punze
4 Fleisch
5 Konus
6 Schriftkegel
7 Kopf
8 Signatur
9 Gußrille
   (fehlt bei abgefrästen Schriften)
10 Kopfhöhe
11 Schulterhöhe (Fuß)
12 Schrifthöhe
13 Dickte (Breite)

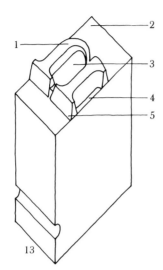
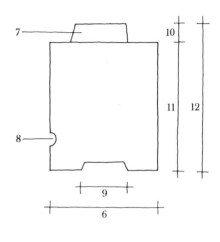

Buchstabennegativ

Digitalisierte
Buchstabenform

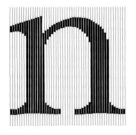
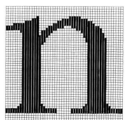

Buchstabenform in
Computerhilfstechnik

links
Vektorentechnik

rechts
Spline-Koeffizienten-
Technik

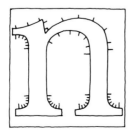

kann direkt gedruckt werden, während im Fotosatz der Text erst durch Buchstabennegative auf ein Fotomaterial (Papier oder Film) belichtet und weiterverarbeitet werden muß. Ebenso verhält es sich mit den auf magnetischen Datenträgern (Kassetten, Floppy-Disk oder Diskette, Bänder und Platten) digital gespeicherten Schriften. Sie überspielt man zunächst in die Maschine, wo mittels elektromagnetischer Befehlsstrukturen ein Kathoden- oder Laserstrahl den Text auf Papier oder Film belichtet. Auch hier muß das Produkt noch weiterverarbeitet werden, ehe gedruckt werden kann.

9 p Baskerville
Handsatz
Metallbuchstaben der
D. Stempel AG

Jedes Satzsystem ist vom Schriftbildträger, mit dem es arbeitet, abhängig. Dabei treten von System zu System, selbst bei gleicher Schrift, Unterschiede auf. Diese, erst durch den Fotosatz hervorgerufenen Differenzen, können entscheidend für die Wahl des einen oder des anderen Systems werden, sofern der Kunde diese Feinheiten zu sehen und abzuwägen vermag. Die Systeme sollten untereinander nicht gemischt werden.

9 p Baskerville
Fotosatz
Buchstabennegativ
Gesetzt auf tps 6000 der
H. Berthold AG

Jedes Satzsystem ist vom Schriftbildträger, mit dem es arbeitet, abhängig. Dabei treten von System zu System, selbst bei gleicher Schrift, Unterschiede auf. Diese, erst durch den Fotosatz hervorgerufenen Differenzen, können entscheidend für die Wahl des einen oder des anderen Systems werden, sofern der Kunde diese Feinheiten zu sehen und abzuwägen vermag. Die Systeme sollten untereinander nicht gemischt werden.

9 p Baskerville
Fotosatz
Digitale Buchstabenform
Gesetzt auf
Digiset 400 T 30
der Firma Hell

Jedes Satzsystem ist vom Schriftbildträger, mit dem es arbeitet, abhängig. Dabei treten von System zu System, selbst bei gleicher Schrift, Unterschiede auf. Diese, erst durch den Fotosatz hervorgerufenen Differenzen können entscheidend für die Wahl des einen oder anderen Systems werden, sofern der Kunde diese Feinheiten zu sehen und abwägen vermag. Die Systeme sollten miteinander nicht gemischt werden.

9 p Baskerville
Fotosatz
Vektorentechnik
Gesetzt auf CRTronic S
der Firma Linotype

Jedes Satzsystem ist vom Schriftbildträger, mit dem es arbeitet, abhängig. Dabei treten von System zu System, selbst bei gleicher Schrift, Unterschiede auf. Diese, erst durch den Fotosatz hervorgerufenen Differenzen, können entscheidend für die Wahl des einen oder des anderen Systems werden, sofern der Kunde diese Feinheiten zu sehen und abzuwägen vermag. Die Systeme sollten untereinander nicht gemischt werden.

2.1.1 Großbuchstaben (nach dem römischen Alphabet)

Drei Grundformen, nämlich Rechteck, Dreieck und Kreis, bilden die Bauelemente unserer Großbuchstaben. Zum Teil sind diese Formen noch deutlich zu erkennen, zum Teil sind sie vermischt oder etwas abgewandelt. Zudem sind die Buchstaben einheitlich groß, so daß sie alle zwischen zwei Linien Platz haben.

Zweilinienschrift

ABCDEFGH

Beide Tatsachen, die drei Grundformen und die einheitliche Größe, ergeben einen Mangel an Unterscheidung. Er erschwert ihr Zuordnen. Nach unserem Verständnis können deshalb Großbuchstaben nicht gelesen, allenfalls buchstabiert werden. Dieser schwierigere Umgang mit ihnen bewirkt aber ein genaueres Hinsehen.

Großbuchstaben werden auch Majuskeln, Versalien oder Kapitale genannt. Majuskel leitet sich vom lateinischen major, der Größere, ab. Versalie von Vers-Alinea läßt sich mit der alten Verslehre erklären, wonach jeder Versbeginn groß geschrieben wurde. Kapitale schließlich kommt vom lateinischen caput, das Haupt. Gemeint war die Stirnseite der Bauten, die vielfach mit Schrift versehen war.

Eine besondere Art von Großbuchstaben besitzen wir in den Kapitälchen. Hier wurden zwei Buchstabengrößen kombiniert, was einen Dreilinienaufbau ergibt. Die erste Größe entspricht den normalen Großbuchstaben, die zweite dem mittleren Maß der Kleinbuchstaben (n).

Kapitälchen bestehen aber nicht einfach aus zwei verschieden großen Schriften, vielmehr handelt es sich bei ihnen um eine völlig eigene Schriftgarnitur, deren entscheidendes Merkmal darin besteht, daß die Strichstärke (Duktus) den Kleinbuchstaben angepaßt ist und dadurch im Text den gleichen Grauwert aufweist.

Vierlinien- und Dreilinienschrift

Bcdeg Bcdeg

Echte Kapitälchen

Buchtitel

Falsche Kapitälchen

Buchtitel

Albrecht Dürer
Nürnberg um 1525

Damianus Moyllus
Parma um 1483

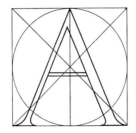

EFHIKMNS
UXZ

ATVWY

CCOQ

DPL

J

2.1.2 Kleinbuchstaben (nach dem karolingischen Alphabet)

Zum Ordnen unserer Kleinbuchstaben benötigen wir vier Linien. Diese ergeben drei Felder. Denn das kleine Alphabet teilt sich in drei, genau besehen in vier Gruppen. Die meisten Buchstaben, nämlich dreizehn (a, c, e, m, n, o, r, s, u, v, w, x, z), nehmen das mittlere Feld ein. Diese bezeichnet man als Mittellängen. Sechs Buchstaben (b, d, f, h, k, l) umfassen das mittlere und obere Feld und werden Oberlängen genannt. Fünf Buchstaben (g, j, p, q, y) belegen das mittlere und untere Feld und tragen den Namen Unterlängen. Zwei Buchstaben schließlich (t und i) reichen vom mittleren Feld ins obere, gehen dort aber nicht bis zur Begrenzung.

Auf der dritten Linie (Grund- oder Schriftlinie) stehen unsere Schriften. Dazu besitzen die meisten Füße (Serifen). Diese dritte Linie stimmt mit der dritten der Kapitälchen überein und mit der zweiten Linie der Großbuchstaben.

Der Abstand der vier Linien zueinander ist von Schrift zu Schrift verschieden. Es gibt neben den normalen Schriften welche mit kleinen und andere mit großen Mittellängen.

Unsere Kursivschriften besitzen zwei Kleinbuchstaben (f und ß) und zwei Großbuchstaben (J und Q), die alle vier Linien erreichen.

Häufig werden die Kleinbuchstaben auch als Gemeine oder als Minuskeln bezeichnet. Der Begriff Minuskel, worauf vermutlich auch der Name Kleinbuchstabe zurückgeht, dürfte eine Schöpfung der Renaissance oder einer späteren Epoche sein.

Große Mittellänge

abcdefghijklm

Ober-, Mittel- und Unterlänge fast gleich groß

abcdefghijklmno

Kleine Mittellänge

abcdefghijklmno

2.1.3 Ligaturen (Buchstabenverbindungen)

Ligaturen nennt man zwei (selten drei) miteinander verbundene Buchstaben. Sie unterscheiden sich von den nicht verbundenen durch ein geringfügig anderes Aussehen. Bei Metallschriften sind Ligaturen zusammengegossen, also ein Körper.

Die Verbindungen ch, ck und ß ergeben in der Aussprache einen neuen oder stärkeren Laut. Sie sind also lautverändernd und lassen das als Verbindung besser erkennen, als das zusammengesetzte Buchstaben tun.

Die Verbindungen ff, fi, fl und ft hingegen sind zur Verdeutlichung der Wortfugen und damit zum leichteren Lesen notwendig. Zwei f als Ligatur werden in einem Atemzug gelesen, wogegen man zwei getrennte f auch getrennt liest. Das gleiche gilt für ft und die anderen Verbindungen.

Die meisten Ligaturen lassen also die Naht der Worte und deren Aufbau erkennen. Sie sind nicht, wie vielfach behauptet wird, eine technische Notwendigkeit im Bleisatz, sondern auch im Fotosatz wichtig, weil sie dem Lesenden eine Handhabe bieten, sich des Textes sicherer und bequemer zu bedienen. Diese Tatsache läßt sich durch lautes Lesen nachprüfen.

Mit Ligatur

Schriften

Schrift

ch ck ff fi fl ft

Ligaturen

ch ck ff fi fl ft

ſs tz

Ligaturen

ß tz

2.1.4   Akzente (Betonungszeichen)

Verkappte Noten könnte man sie auch nennen. Denn überall dort, wo sie verwendet werden, haben sie die Aufgabe, die Tonhöhe oder die Klanglänge der Buchstaben zu verändern. Hinzugesungenes soll die Bezeichnung aus dem Lateinischen übersetzt bedeuten. Akzente gibt es in beinahe jeder Sprache. Wir haben hier nur die gebräuchlichsten aufgeführt.

Von links nach rechts:
Akut (Hochton),
Zirkumflex (Dehnung),
Gravis (Tiefton)

Á á   Â â   À à

Cedille (stimmloses s)

Ç ç

Französisch für
Ä, ä oder Ö, ö

Æ æ   Œ œ

Trema
(Trennungszeichen)

Ë ë

Tilde (Schleifton)

Ñ ñ

Haček (Zischton)

Č č

2.1.5 Interpunktionen (Gliederungszeichen)

Sie sind die Ordner des Geschriebenen. Für den laut Lesenden waren sie ehedem Atem- und Modulationszeichen. Heute gliedern und teilen sie Gedanken, Ziffern und Werte, fügen zusammen, verstärken oder verringern den Sinn der Sprache, verändern zuweilen auch ihre Färbung.

•

Der Punkt
Als satzschließendes Zeichen steht er unmittelbar am vorhergehenden Wort. Zum nachfolgenden hält er den gleichen Abstand, wie er innerhalb dieser Zeile üblich ist oder einen etwas größeren. Bei Ordnungszahlen und Abkürzungen steht er unmittelbar an der vorangehenden Ziffer oder dem Buchstaben. Zum nachfolgenden Wort oder Buchstaben beträgt der Abstand etwa die Hälfte des normalen Abstandes dieser Zeile.
Auslassungspunkte halten um ein Drittel weniger Abstand, als normal wäre. Als Gliederungszeichen steht er ohne Abstand zwischen den Ziffern.

,

Der Beistrich
(das Komma)
Zur Satzgliederung steht er unmittelbar am vorangehenden Wort und hält zum nachfolgenden normalen Abstand oder etwas weniger.
Bei Mark- und Pfennigbeträgen ohne Abstand zwischen den Ziffern.

Der Strichpunkt
(das Semikolon)
hält etwas Abstand zum vorhergehenden Wort und hat zum nächsten den normalen Zwischenraum.

:

Der Doppelpunkt
(das Kolon)
wird wie der Strichpunkt behandelt, kann bei Bedarf aber den Abstand zum nachfolgenden Wort etwas verringern.

—

Der Bindestrich
(das Divis)
steht unmittelbar am vorhergehenden Wort und hält zum nachfolgenden den normalen Abstand, bei Bedarf einen etwas kleineren. Innerhalb von Kuppelwörtern wird er ohne Zwischenraum versetzt.

—

Der Gedankenstrich
unterscheidet sich vom Bindestrich durch seine Länge. Als Gedankenstrich hält er zum vorangehenden Wort wie zum nachfolgenden etwas weniger Abstand, als üblich ist. Als Bindezeichen (München–Wien) wird er ohne Zwischenraum versetzt.

Das Fragezeichen
wird ebenfalls wie der Strichpunkt versetzt. Bildet es zugleich den Satzschluß, ist der Abstand zum nachfolgenden Wort wie beim Punkt zu behandeln.

!

Das Ausrufezeichen
wird wie das Fragezeichen behandelt.

Die runde Klammer
(die Parenthese)
Die erste Klammer hält zum vorangehenden Wort normalen oder etwas weniger Abstand, als in der Zeile üblich ist, steht aber direkt am nachfolgenden Wort. Die zweite Klammer steht unmittelbar an dem Wort, das sie einschließt, hält zum nächsten normalen oder etwas geringeren Abstand.

Die eckige Klammer
wird wie die runde Klammer behandelt.

Das Anführungszeichen
wird im Deutschen mit der Spitze zum Wort versetzt. An ihm steht es ohne Abstand, während vor und nach dem Zeichen der Zwischenraum etwas weniger als normal ist.

"

Die Gänsefüßchen
oder deutsche Anführungszeichen werden heute kaum mehr, allenfalls noch bei Frakturschrift verwendet, wobei sie am Anfang unten und am Ende kopfstehen („"). Behandelt werden sie wie die anderen Anführungszeichen.

Das Auslassungszeichen
(der Apostroph)
Innerhalb eines Wortes wird es ohne Zwischenraum angewendet, am Schluß mit etwas weniger Abstand zum nächsten Wort als normal.

&

Das et-Zeichen
zählt eigentlich nicht zu den Interpunktionen und ist genau besehen eine Ligatur. Vor und nach dem Zeichen werden etwa zwei Drittel des normalen Abstandes angeschlagen.

Auch Paragraph, Kreuz und Stern sind Zeichen und keine Interpunktionen. Sie stehen alle mit etwas weniger als dem normalen Zwischenraum vor dem Wort. Wird der Stern als Fußnotenzeichen verwendet, steht er direkt am vorhergehenden Wort, während das folgende normalen Abstand hält.

2.1.6 Römische Zahlzeichen

Das römische Zahlensystem stellt seine Werte durch Großbuchstaben dar, benützt also den Zweilinienaufbau. Auch verwendet es nicht wie das arabische System zehn, sondern zunächst nur sieben Zeichen.

IVXLCDM

Das System ist in Fünfereinheiten gegliedert, wobei die Zahlen eins bis vier mit Strichen (I, II, III, IIII) dargestellt werden. Der fünfte Strich faßt die Einheit zusammen, indem er diagonal gezogen wird. Abgekürzt, wenn man sich drei Striche wegdenkt, ergibt das ein V. Zwei V, von denen eins auf den Kopf gestellt wird, ergeben ein X und bedeuten zehn.

Werden zehn Fünfereinheiten aneinandergereiht, können diese erneut zusammengefaßt und durch einen Winkel abgehakt werden. Auch für diesen Winkel gibt es einen Buchstaben: L.

I	eins	|
V	fünf	ЖТ
X	zehn	X
L	fünfzig	ЖТ ЖТ ЖТ ЖТ ЖТ

C	hundert	Centum
D	fünfhundert	Dimidius (die Mitte)
M	tausend	Mille

Die großen Werte werden mit den Anfangsbuchstaben der lateinischen Zahlwerte dargestellt. C für Centum ist hundert, M für Mille ist tausend. Dazwischen steht D als erster Buchstabe für Dimidius, was so viel wie Mitte heißt und in unserem Fall fünfhundert bedeutet.

Vermutlich wurden die Werte ursprünglich nur addiert. Erst in späterer Zeit dürfte man zur heutigen Schreibweise gelangt sein, die nur mehr drei statt vier gleichwertiger Zeichen nebeneinander erlaubt, mit dem Ergebnis, daß vom nächst größeren immer der kleinere Wert abgezogen werden muß. Man schreibt also nicht mehr IIII, sondern IV.

Beim Schreiben empfiehlt es sich, die Zahlen wie die arabischen Ziffern in Stellen zu gliedern.

Verwendet werden die römischen Zahlzeichen heute noch nach Regentennamen (Ludwig XIV.), bei Jahrhunderten (XX. Jahrhundert), vor Kapitel (V. Kapitel) und als Ordnungszahlen bei Überschriften (I Grafische Techniken, 1 Holzschnitt). Siehe auch Anhang.

2.1.7   Ziffern

Zu vielen Schriften gibt es heute zwei Arten von Ziffern: die Versalziffern und die Minuskelziffern.

Versalziffern folgen wie die römischen Zahlen dem Zweilinienaufbau. Häufig werden sie auch als Normalziffern bezeichnet, was aber nicht heißt, daß die anderen nicht normal sind. Versalziffern gibt es seit dem 19. Jahrhundert.

Die Minuskelziffern stehen entsprechend den Kleinbuchstaben im Vierlinienaufbau, wobei die Stellung der Ziffern nicht immer einheitlich ist. Minuskelziffern sind auch als Mediävalziffern oder Charakterziffern bekannt, seltener werden sie nautische Ziffern genannt. Verwendet werden sie, seit die Mauren sie um das Jahr 1000 nach Europa brachten.

Der Begriff Ziffer kommt vom arabischen al sifre und bedeutet Nichts oder Null.

0   123456789 ABG

0   123456789 abg

2.2   Bruchziffern

Auch bei Bruchziffern gibt es zweierlei Arten: Versalformen und Minuskelformen. Ihre Form sollte immer mit der normalen im Text verwendeten Zifferform übereinstimmen.

$\tfrac{3}{4}$ $\tfrac{1}{10}$ $\tfrac{3}{4}$ $\tfrac{1}{10}$

Aber auch noch auf eine andere Weise gibt es zweierlei Bruchziffernarten: mit schrägem Bruchstrich ($\tfrac{1}{2}$), die innerhalb fortlaufender Texte versetzt werden und mit waagerechtem Bruchstrich ($\frac{1}{2}$) für den Formelsatz. Da in Formeln sämtliche Brüche mit waagerechtem Strich geschrieben werden, mußte man auch die Bruchziffern dieser Schreibweise anpassen.

Im Bleisatz gibt es Bruchziffern in der Größe von 6 p (2,25 mm) bis 12 p (4,5 mm). Im Fotosatz sind die Größen zwar nicht begrenzt, dennoch werden sie auch dort selten größer als 4,5 mm gebraucht.

Da im Fotosatz sich Ziffern problemlos vergrößern oder verkleinern lassen, werden häufig verkleinerte Ziffern als Bruchziffern angeboten. Richtige Bruchziffern besitzen die gleiche Strichstärke (Duktus) wie die dazugehörige Schrift und deren Ziffern.

2.3 Linien

Im grafischen Gewerbe wird die Liniendicke Linienbild genannt. Der Bleisatz kennt neben Blei- auch Messinglinien (7 Teile Kupfer, 3 Teile Zink). Beider Bilder sind in folgende Kategorien eingeteilt:

Feines Linienbild
1/5 p oder 0,075 mm stark

Stumpffeines Linienbild
2/5 p oder 0,150 mm stark

Halbfettes Linienbild
1 p oder 0,375 mm stark

Fettes Linienbild
2 p oder 0,750 mm stark

Fette Linien gibt es in jeweils 2-p-Sprüngen bis 48 p oder 18 mm Stärke, punktierte Linien in feiner und stumpffeiner Bildstärke. Im Fotosatz wurden folgende Strichdicken festgelegt:

Linienbild 0,075 mm
Linienbild 0,100 mm
Linienbild 0,150 mm
Linienbild 0,250 mm
Linienbild 0,375 mm
Linienbild 0,500 mm
Linienbild 0,750 mm
Linienbild 1,00 mm
Linienbild 1,50 mm
Linienbild 2,00 mm
und so weiter

Ferner gibt es Azureelinien, deren Aufgabe es ist, Fälschungen zu verhindern und deren gewellte Form als Moirélinie bezeichnet wird. Englische Linien sind Linien, die zur Mitte hin anschwellen und dort verziert sein können. Auch Ovale und Kreise zählen zum Linienvorrat.

Linien haben vielerlei Aufgaben. Manchmal begrenzen sie, manchmal schmücken sie, oft dienen sie zum Unterstreichen und Betonen und manchmal unterstützen sie den Schreiber, wie auf Formularen.

Azureelinie

Moirélinie

Englische Linie

2.4 Zeichen

Hier handelt es sich um Bild- oder andere Symbole, die normal in der Setzerei vorrätig sind. Viele von ihnen betreffen Spezialgebiete, andere sind allgemein bekannt. Unter anderem kennen wir:

Astronomische Zeichen	Mathematische Zeichen
Botanische Zeichen	Meteorologische Zeichen
Chemische Zeichen	Postalische Zeichen
Elektrotechnische Zeichen	Profilzeichen
Fahrplanzeichen	Technische Zeichen
Genealogische Zeichen	Tierkreiszeichen
Hotel- und Fremdenverkehrszeichen	

Ihre Größe ist im Bleisatz mit wenigen Ausnahmen auf 20 p (7,5 mm) begrenzt und wird im Fotosatz selten größer gebraucht.

Mondphasen

- ● Neumond
- ☽ zunehmend
- ○ Vollmond
- ☾ abnehmend

- Neumond
- zunehmend
- Vollmond
- abnehmend

Tierkreiszeichen

- ♒ Januar
- ♓ Februar
- ♈ März
- ♉ April
- ♊ Mai
- ♋ Juni
- ♌ Juli
- ♍ August
- ♎ September
- ♏ Oktober
- ♐ November
- ♑ Dezember

Planeten

- ☉ Sonne
- ☿ Merkur
- ♀ Venus
- ♁ Erde
- ☾ Mond
- ♂ Mars
- Vesta
- Juno
- Pallas
- Ceres
- ♃ Jupiter
- ♄ Saturn
- ♅ Uranus
- ♆ Neptun
- ♇ Pluto

Fahrplanzeichen

- † sonntags
- werktags
- Service
- Speisewagen
- Schlafwagen
- Liegewagen
- Triebwagen
- Bahnpost

2.5 Zierate

Darunter versteht man typografischen Schmuck. Ob es sich dabei um ein gegenständliches oder um ein abstraktes Lineament handelt, ist weniger wichtig, als daß es Formen mit wenig oder keinem Symbolgehalt sind.

Ob der Schmuck als Einzelstück, zur Leiste gereiht, zum Rahmen gesetzt oder als Fläche verwendet wird, immer sollte die daneben benützte Schrift aus der gleichen Zeit stammen, also den gleichen Stil aufweisen, oder aber im Strichcharakter (Duktus) mit dem Schmuck übereinstimmen.

Schmuck gibt es in Blei von 3 p (1,125 mm) bis 48 p (18 mm) und größer. Im Fotosatz kann er beliebig groß angewendet werden.

Neben dem Schmücken kann es der Zweck des Zierats auch sein, eine Seite zu gliedern, den freien Raum aufzuteilen oder zu verkleinern.

Zierate der Renaissance und des Klassizismus

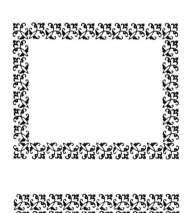
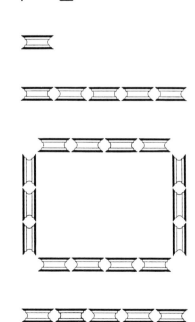

Einzelstück

Leiste

Rahmen

Fläche

2.6 Typosignale

Das sind Kreise, Dreiecke, Quadrate, die vollflächig oder konturiert sein können. Auch unter der Bezeichnung Hamburger Bausteine, Blickfang und Elementare Flächen werden sie geführt. Verschiedentlich werden auch Pfeile und Zeigefinger dazugezählt.

Im Bleisatz sind sie von 3 p (1,125 mm) bis 72 p (27 mm) vorrätig. Der Fotosatz kann sie beliebig groß herstellen.

Typosignale helfen, etwas zu betonen, auf etwas hinzuweisen. Das geschieht häufig in Anzeigen, auf Wurfzetteln oder Anschlägen.

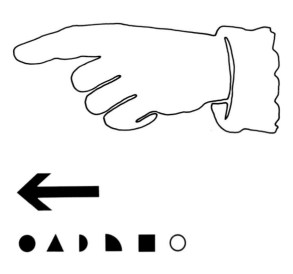

2.7 Vignetten

Das Wort Vignette ist französisch und bedeutet Rebranke. Sie war in mittelalterlichen Handschriften als Buchschmuck sehr beliebt.

Heute versteht man alle bildhaften oder abstrakten Zierstücke darunter. Sie werden gelegentlich wieder als dekorativer Abschluß an Kapitelenden benützt.

Vom Zierat unterscheidet sich die Vignette vor allem durch ihre Größe und dadurch, daß sie immer als Einzelstück verwendet wird.

3 Die Ergänzung

Zum Satzmaterial haben sich zwei Elemente gesellt, die aus unseren Druckerzeugnissen nicht mehr wegzudenken sind: Markenzeichen und fotografische Bilder.

Beide sind zwar keine typografischen Bausteine, wie sie in jeder Setzerei zum festen Zeichenvorrat gehören. Ihre Urheber sind nicht die Hersteller von Schriftbildträgern, sondern Grafiker und Fotografen. Gleichwohl hat der Typograf sie als wichtige Gestaltungsteile zu beachten und zu verarbeiten.

3.1 Das Firmen- und Markenzeichen

Ordnet man die Zeichen von der Schrift ausgehend, so steht an erster Stelle die Wortmarke. Sie besteht aus einem Namenszug oder der Abkürzung eines Namens. Beide weichen in ihrem Aussehen von der normalen Schrift etwas ab, um signifikanter zu sein. Dabei verfälscht man entweder den gesamten Wortzug oder nur einen oder zwei Buchstaben.

Das Warenzeichen, ebenfalls ein Namenszug oder aber ein erfundenes Wort, wird wie die Wortmarke gestaltet. Zuweilen handelt es sich nur um ein Zeichen. Während die Wortmarke eine Firma vorstellt, steht das Warenzeichen immer für ein Produkt.

Beim Signet unterscheidet man drei Arten: markant gestaltete Buchstaben (Buchstabensignet), Buchstaben, die bildhaft verformt wurden und im Bild die Dienstleistung des Unternehmens zu erkennen geben (Bildsignet) und das abstrakte Zeichen, das weder Bild

noch Schrift ist, und auf Assoziationen beim Betrachter baut (Sinnsignet). Je abstrakter es gehalten ist, desto schwerer wird man auf Anhieb einen Sinn darin erkennen. Häufig sind solche Zeichen austauschbar. Die Dienstleistung des Unternehmens spielt keine Rolle mehr, das Zeichen ist zum reinen Merkstein geworden.

Werden Firmen- und Markenzeichen mit Text zusammengebracht, so entsteht das Problem der Verträglichkeit zweier Konturen. Die Schrift als Silhouette und das Zeichen als eine andere nötigen das Auge, zwei grafische Werte gegeneinander abzuwägen.

Hier bieten sich mehrere Auswege. Man wählt eine Schrift, die im Duktus dem Zeichen entspricht, oder man löst das Zeichen durch eine entsprechende Größe oder durch einen gebührenden Abstand vom Text. Eine weitere Möglichkeit, die nicht immer zu verwirklichen ist, bestünde darin, das Zeichen in einer zweiten Farbe zu drucken. Bei dieser Lösung wird das Auge von der grafischen Qualität abgelenkt, weil plötzlich ein unterschiedlicher Farbwert zu prüfen ist.

Bedeutende Firmen legen die Größe und den Standort des Zeichens bei der Vergabe von Druckaufträgen von vorneherein fest. Sie verfügen dazu in der Regel über ein Manual (Normenbuch), das für jede mögliche Arbeit ein Beispiel bereithält.

Während das Zeichen oben in der Linienstärke mit der Schrift übereinstimmt, wurde rechts das Problem durch einen entsprechenden Abstand gelöst

3.2 Das fotografische Bild

Alle für den Druck bestimmten Bilder wird der Typograf auf Bildinhalt, Bildrichtung und Bildstruktur hin prüfen. Dabei kann jeder Punkt eine Bildänderung nach sich ziehen.

Zunächst lassen sich, wie viele Texte, so auch manche Bilder kürzen. Das darf aber nicht aus freien Stücken geschehen. Anlaß kann ein falsches Seitenverhältnis des Bildes oder die Notwendigkeit eines Bildausschnittes sein. Bei allen Eingriffen muß die Bildinformation erhalten bleiben. Allenfalls nebensächliche Einzelheiten können geopfert werden.

Je nach Bildaufbau strebt dessen Sujet zum linken oder rechten Rand, wenn es sich nicht um ein statisches, ein auf Mitte fixiertes Bild handelt. Diese Bewegung sollte aber nicht über den Papierrand hinausweisen, sondern zur Blattmitte oder Buchmitte zielen. Steht das Bild mit Schrift auf einer Seite, so kann der Satz die Bildbewegung auffangen. Nur selten läßt sich ein solches Problem dadurch lösen, daß man das Bild kontert, das heißt, es spiegelverkehrt bringt. Bei einem Porträt beispielsweise kann das linke nicht einfach zum rechten Ohr gemacht werden, wie auch der Eingang eines Gebäudes nicht von Norden nach Süden zu wenden geht.

Die Bildstruktur ist für den Typografen vielleicht der wichtigste Punkt unserer Aufzählung. Zuerst unterscheidet er zwischen Strich- und Rasterbild. Zum Strichbild zählen alle Wiedergaben, die aus einfachen Linien und Flächen bestehen, wie Holz- oder Linolschnitte und dergleichen. Zu den Rasterbildern gehören Fotos und alle Abbildungen, die unterschiedliche Tonwerte beinhalten.

Zu Beginn der Druckgeschichte waren Schrift und Bild mit noch annähernd den gleichen Werkzeugen gestaltet worden. Die Schrift mit Feile, Punzen und Stichel, das Bild mit Messer oder Stichel. Das hatte bei Schrift und Holzschnitt die gleiche Strichmanier zur Folge. Formal ergab das ein Ganzes.

Mit dem Aufkommen anderer Illustrationstechniken wie dem Kupferstich, der Radierung oder der Lithografie wandelte sich auch die Schrift. Sie paßte sich mehr oder weniger den Illustrationen an. So neigten Barock- und Klassizistische Antiqua durch ihre fett-feinen Striche zum Kupferstich mit seinen feinen Schraffuren und die späteren skurrilen Schriftformen zur Lithografie mit ihren skurrilen Zeichnungen. Wenn hier auch die Einheit von Schrift und Bild nicht mehr lückenlos war, so blieb doch ein gemeinsamer Nenner.

Die Fotografie besitzt keinen Duktus mehr. Sie ist somit schriftneutral. Diese Neutralität verhindert einen stärkeren Zusammenhalt. Nun versucht man, vor allem für die Werbung, die normale Punktstruktur durch andere Strukturen zu ersetzen, wobei die Bildinformation von der reinen Schilderung sich zur Interpretation hin verlagert. Auch die Bildaussage wird leicht zugunsten der interessanteren Bild-Schrift-Kombination verwässert.

Dieser Holzschnitt findet auf der linken Seite formal weniger Halt als auf der rechten

Auch ein fotografisches Bild kann in seinem Aufbau eine Tendenz erkennen lassen und sich dann für die eine Seite besser eignen als für die andere

Verwenden wir einen Korn-, Linien- oder Zirkelraster, so ist entscheidend, daß seine Struktur der Schriftstruktur verwandt ist. Das gleiche gilt für den groben Punktraster wie für alle anderen möglichen Rasterarten. Der Zirkelraster führt den Blick des Betrachters immer zum Zirkelzentrum. Wird er einem Bild unterlegt, kann die Aufmerksamkeit dorthin gelenkt werden, wohin sie die Werbung haben will.

Die Feinheit des Rasters hängt von der Qualität des zu bedruckenden Papiers ab. Je glatter die Papieroberfläche, desto feiner kann der Raster, je rauher, desto grober muß er sein. Die Wahl des Rasters bleibt aber nicht ohne Einfluß auf das Bild. Der Reichtum eines Bildes liegt in seinem Tonwertumfang. Die Feinheiten der Darstellung werden naturgemäß nur von einem feinen Raster wiedergegeben. Der grobe Raster hat den Vorzug, daß er sich für billigeres Papier eignet, er nimmt dafür aber Einbußen von Bilddetails in Kauf. Rasterangaben beziehen sich auf die Anzahl der Linien oder Punkte je Zentimeter.

Die Struktur der Illustration
und der Charakter der
Schrift finden hier
harmonisch zueinander

60er Punktraster
Ein Zentimeter des Bildes
in der Höhe oder Breite
besteht aus 60 Punkten

Kornraster
Er wird anhand eines
Musters ausgewählt, da es
hier keine Größenangabe
gibt

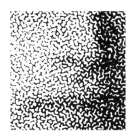

36er Linienraster
Ein Zentimeter in der
Höhe des Bildes besteht
aus 36 Linien

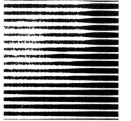

Der Aufbau

Die Bausteine der Typografie sind den Bausteinen der Sprache ähnlich. Aber nicht nur das Baumaterial, auch die Bauprinzipien gleichen sich. Vom Laut zum Wort und vom Wort zum Satz sind Schritte, wie wir sie genauso vom Buchstaben zur Zeile und von der Zeile zur Seite gehen. Es sind kleine Schritte. Dennoch darf uns ihre Unscheinbarkeit nicht darüber hinwegtäuschen, daß wir mit ihnen weite Strecken der Typografie zurücklegen.

4.1   Das Wort

4.1.1   Das Wort und seine Größe für den Setzer

Wenn der Leser seine Schrift messen würde, käme er zu anderen Ergebnissen als der Setzer. Was der Setzer in Händen hat, stimmt nicht mit dem überein, was der Leser sieht.

Der Bleibuchstabe oder die Letter ist ein Stempel. Und wie bei einem Stempel ist das, was auf das Papier druckt, kleiner als die Konsole (Schriftkegel), die man hält. Die Größe einer Bleischrift wird immer in den Maßen der Konsole angegeben. Die Schrift ist also nicht so groß, wie die Maßangaben erkennen lassen.

Die Abstufungen der verschiedenen Schriftgrößen sind im Bleisatz einheitlich geregelt, so daß alle Schriften zwar nicht in der Bild-, aber in der Stempelgröße identisch vorhanden sind.

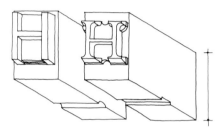

Im Bleisatz wird die Schriftgröße nach der Größe des Buchstabenkörpers (Kegel) angegeben, wobei gleiche Größenangaben nicht gleiche Bildgrößen bedeuten müssen

Der Abstand von Zeile zu Zeile wird im Bleisatz durch den Buchstabenkörper bestimmt. Er kann aber durch Metallstreifen (Regletten), die man zwischen die Zeilen schiebt, vergrößert werden

Im Fotosatz wird der Abstand von Schriftlinie zu Schriftlinie in mm oder in Bruchteilen davon gemessen und Zeilenvorschub oder Zeilenschaltung genannt

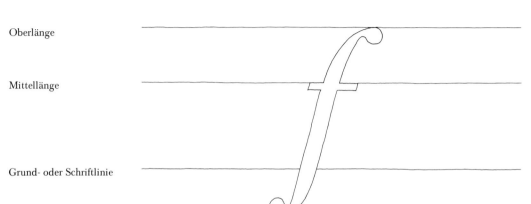

Oberlänge

Mittellänge

Grund- oder Schriftlinie

Unterlänge

Der Fotosatz hat hier eine völlig neue Lage geschaffen. Sein Werkzeug, die Linse, erlaubt es, Schrift in fast allen Größen herzustellen. Ein Buchstabe wird erzeugt, indem man durch eine Fotoschablone (Negativ) lichtempfindliches Material (Film oder Papier) belichtet. Andere Systeme verwenden anstelle der Schablonen elektromagnetische Datenträger, worauf die Buchstaben digital gespeichert sind. Der in elektromagnetische Impulse zerlegte Buchstabe gibt sich durch seine Impulskombination der Maschine zu erkennen und wird von dieser durch einen Kathoden- oder Laserstrahl über ein Linsensystem auf das Fotomaterial gezeichnet. Die im Foto- und Lichtsatz erzeugte Schrift ist in ihrer angegebenen Größe mit der gedruckten identisch.

Will man im Foto- und Lichtsatz Schrift messen, so steht man zunächst vor der Frage, welcher Buchstabe sich dazu am besten eignet. Es gibt nämlich außer dem kursiven f oder ß, dem J oder Q keinen, der alle vier Linien unseres Schriftaufbaus berührt.

Für den Fachmann sind zwei Methoden gebräuchlich. Die eine legt sich die Vertikalhöhe eines Wortes zurecht. Das heißt, es wird vom denkbar höchsten Punkt (h) zum denkbar tiefsten (p) gemessen. Bei der anderen Methode geht man von einem Großbuchstaben (H) aus und erfährt die Gesamthöhe der Schrift über eine Tabelle.

Bei kleinen Schriften ist weder die eine, die Vertikalhöhe, noch die andere, die Versalhöhe, ganz zuverlässig, wenn man nicht über spezielle Meßlineale verfügt. Hier empfiehlt es sich, die gewünschte Größe und deren Angabe einem Schriftmusterbuch zu entnehmen.

Im Bleisatz werden immer noch die alten Punktmaße (p) nach dem Didot-System angegeben, während im Fotosatz teilweise Didot-Punkt, Pica-Point und Millimeter nebeneinander gelten oder alle Angaben ausschließlich in Millimeter erfolgen. Siehe Tabelle im Anhang.

4.1.2 Das Wort und seine Größe für den Leser

Ein größeres Wort verlangte vom Setzer einst eine größere Schrift aus einem anderen Kasten. Es heißt heute für ihn, die Linse des Gerätes zu verstellen, die Belichtungszeit zu ändern, sofern das Gerät das nicht von selbst regelt. Dem Leser aber sagt ein größeres Wort, daß es ein wichtigeres Wort ist, wenn nicht eine übergebührliche Entfernung ihm das größere Wort wieder verkleinert, es zu einem normalen Wort macht, wie das bei Plakaten, Buchumschlägen im Schaufenster oder Überschriften auf Zeitungen am Kiosk der Fall ist. Zweierlei Gründe also gibt es, ein Wort oder eine Zeile über die gewöhnliche Größe hinauszuheben: den Rang und den Abstand.

Wir können zunächst die Schriften in Fern- und Nahgrößen einteilen, müssen bei den Nahgrößen aber dann noch einmal zwischen Lese- und Konsultationsgrad unterscheiden.

Die Fern- oder Schaugröße umfaßt alle Schriften von 4,875 mm (14 p) aufwärts.

Zur Lesegröße zählen Schriften von 3,375 mm (9 p) bis 4,5 mm (12 p). Unter Lesen verstehen wir eine Tätigkeit, bei der wir über einen längeren Zeitraum hinweg in Schrift vertieft sind. Zu kleine Schriften würden den Leser frühzeitig ermüden, zu große wären aus ökonomischen Gründen nicht vertretbar.

Zur Konsultationsgröße rechnen wir Schriften bis etwa 3 mm (8 p). Sie besitzen den Vorzug, daß man mit ihnen auf verhältnismäßig kleinem Raum eine Menge Text unterbringt. Aus diesem Grunde verwendet man sie überwiegend dort, wo ein Text nicht gelesen, sondern kurz nachgeschlagen wird. Lexika, Adreß- und Telefonbücher, aber auch Fußnoten, Marginalien und lebende Kolumnentitel gehören dazu.

Der Setzer kennt verschiedentlich noch die alten Bezeichnungen. Unter Brotschriften verstand er die Konsultations- und Lesegrößen, während er mit Titelschriften die Schaugrade meinte.

Konsultationsgrößen von 6 p, 7 p und 8 p

Die Verpackung wird in der Regel dem Käufer in Rechnung gestellt, sofern zweidrittel Gutschrift gewährt werden, geht dies aus der Auftragsbestätigung oder Rechnung hervor. Auf Wunsch stellen wir Ihnen zur Erklärung der Bedienungsweise der Geräte einen Instruktor gegen Berechnung zur Verfügung. Die Aufstellung, Installationsarbeiten sowie elektrische Anschlüsse, insbesondere entsprechend abgesicherte Zuleitungen, läßt der Käufer vor Eintreffen des Instruktors selbst durchführen. Die angegebenen Preise beruhen auf den derzeitigen Kostenfakto-

Die Verpackung wird in der Regel dem Käufer in Rechnung gestellt, sofern zweidrittel Gutschrift gewährt werden, geht dies aus der Auftragsbestätigung oder Rechnung hervor. Auf Wunsch stellen wir Ihnen zur Erklärung der Bedienungsweise der Geräte einen Instruktor gegen Berechnung zur Verfügung. Die Aufstellung, Installationsarbeiten sowie elektrische Anschlüsse, insbesondere entsprechend abgesicherte

Die Verpackung wird in der Regel dem Käufer in Rechnung gestellt, sofern zweidrittel Gutschrift gewährt werden, geht dies aus der Auftragsbestätigung oder Rechnung hervor. Auf Wunsch stellen wir Ihnen zur Erklärung der Bedienungsweise der Geräte einen Instruktor gegen Berechnung zur Verfügung. Die Aufstellung, Installationsarbeiten

Lesegröße 9 auf 12 p	»Lesen Sie, um zu leben«, dies schrieb Gustave Flaubert in einem seiner Briefe. Er meinte nicht irgendein Lesen, vielmehr das Lesen von Büchern. Das Buch ist lebensnotwendig, meint solch ein Satz auch. Und gemeint sind nicht irgendwelche Leute, sondern diejenigen, die für das Lesen von Büchern geeignet, gleichsam disponiert sein könn-
Lesegröße 10 auf 13 p	»Lesen Sie, um zu leben«, dies schrieb Gustave Flaubert in einem seiner Briefe. Er meinte nicht irgendein Lesen, vielmehr das Lesen von Büchern. Das Buch ist lebensnotwendig, meint solch ein Satz auch. Und gemeint sind nicht irgendwelche Leute, sondern diejenigen, die für das Lesen von Büchern
Lesegröße 12 auf 15 p	»Lesen Sie, um zu leben«, dies schrieb Gustave Flaubert in einem seiner Briefe. Er meinte nicht irgendein Lesen, vielmehr das Lesen von Büchern. Das Buch ist lebensnotwendig, meint solch ein Satz auch. Und gemeint sind nicht irgendwelche Leute,
Schaugröße 14 p	Gestaltung
Schaugröße 16 p	Gestaltung
Schaugröße 20 p	Gestaltung
Schaugröße 24 p	Gestaltung
Schaugröße 28 p	Gestaltung
Schaugröße 36 p	Gestaltung
Schaugröße 48 p	Gestaltung

4.1.3 Das Wort und seine verschiedenen Lautstärken

Wenn Schrift eine Übersetzung des Hörbaren ins Sichtbare ist, dann darf sie nicht nur Sprachinhalte übertragen, sondern muß auch in der Lage sein, Sprachstimmungen wiederzugeben.

Manche Färbung gelingt der Sprache über die Satzstellung, manche erreicht sie über die Interpunktion. Für Betonungen aber hält die Typografie ein eigenes Instrumentarium bereit.

Betonen kann ich nicht nur, indem ich lauter, sondern auch, indem ich langsamer spreche. Dem Lauter als einer Verstärkung des Tones würde eine Verstärkung der Buchstaben entsprechen. Seit etwa zweihundert Jahren kennt man fettere Schriften, mit denen man bestimmte Begriffe hervorhebt.

Dem langsameren Sprechen müßte demnach ein langsameres Lesen folgen. In der Tat läßt sich das Lesen verzögern, indem man schlechter lesbare Typen verwendet. Das sind entweder engere Schriften, wie sie teilweise unsere Kursiven darstellen, oder es sind Großbuchstaben. Die natürliche Art aber, eine gedehnte Sprechweise optisch darzustellen, wäre die gedehnte Schreibweise. Sogenannte gesperrte Wörter erschweren das Lesen ebenso wie enge.

Diese typografischen Formen eignen sich aber nicht allein zum Betonen, sie werden ebenso häufig auch als Mittel der Textgliederung verwendet.

Betonung innerhalb des Textes	Standard mit *Kursiv*	*Kursiv* mit Standard	Standard mit KAPITÄLCHEN
	Längere Texte sollten aus normalen, gut lesbaren Schriften gesetzt werden. Eine *kursive* Stelle darin unterbricht und verzögert den gewohnten Leseablauf. Dadurch wird der entsprechende Inhalt stärker beachtet. Er signalisiert einen anderen, einen wichtigeren Wert.	*Das linke Beispiel läßt sich auch umgekehrt anwenden. Im Text einer kursiven Schrift wird ein geradestehendes Wort auffallen. Diese Konstellation ist insofern ungewöhnlich, als umfangreiche Texte oder gar ganze Broschüren oder Bücher bei uns so gut wie nie in einer kursiven Schrift gedruckt werden.*	KAPITÄLCHEN sind in allen guten Buchschriften vorhanden. Sie sollen leicht gesperrt werden, da dadurch ihre Lesbarkeit zunimmt. Sie werden hauptsächlich für Eigennamen und Ordnungszahlen verwendet. Außerhalb des Textes auch für Überschriften.
Betonung außerhalb des Textes	Bei freistehenden Zeilen handelt es sich nicht immer um eine Art der Betonung, sondern auch um eine der Gliederung. Überschriften machen es nicht erforderlich, die Schriftgröße oder die Schriftstärke zu wechseln. Der Raum erzielt schon von sich aus eine höhere Aufmerksamkeit.	Großbuchstaben innerhalb eines Textes zerstören das bewußt ruhige Lesebild. Sie wirken auch größer, so daß sie außer bei ÜBERSCHRIFTEN unangebracht sind. Man sollte nie vergessen, sie auszugleichen und etwas zu sperren. Dadurch wird wie bei Kapitälchen die Lesbarkeit erhöht.	Außer bei Spitzmarken, also den Stichworten bei Lexika und anderen Nachschlagewerken, sollten fettere Schriften nur als **Überschriften** verwendet werden. Innerhalb eines Satzes gestalten sie das Lesen zu unruhig. Genau besehen sind sie hauptsächlich für die Werbung geschaffen worden.

Im Laufe der Zeit haben sich gewisse Gewohnheiten in der Betonung und Gliederung herausgebildet. Dabei müssen wir zwischen dem, was innerhalb und dem, was außerhalb eines Textes steht, unterscheiden. Ein freistehendes Wort besitzt andere Qualitäten als ein aus dem Text hervorgehobenes. Wenn wir freistehende Worte zusätzlich durch eine fettere Schrift betonen, so, um einer gewissen Eintönigkeit zu entgehen. Das gilt mehr für Werbe- als für literarische Texte.

An der Stelle darf darauf hingewiesen werden, daß wohl jede Kursive schräg, nicht jede schräge Schrift aber eine Kursive ist. Die meisten Kursiven haben ihren Ursprung in der römischen Privathandschrift. Sie müssen eigens entworfen und gezeichnet werden, während schräge Schriften geneigte geradestehende sind. Die eine erweckt den Eindruck, als würden ihre Buchstaben laufen, die andere, als würden sie stürzen. Bei Lichtsetzmaschinen wird schräge Schrift erzeugt, indem man den Kathoden- oder Laserstrahl ablenkt, während zum Setzen einer Kursive ein anderer Buchstabencode aufgerufen wird. Solche Maschinen können aber nicht nur Schrift schräg stellen, sondern sie auch breiter oder enger zeichnen (modifizieren).

Baskerville	Wolfsgrube
Baskerville, elektronisch schräg gestellt	*Wolfsgrube*
Baskerville-Kursiv	*Wolfsgrube*
Helvetica	**Wolfsgrube**
Helvetica, elektronisch schräg gestellt	***Wolfsgrube***
Helvetica, schräg gezeichnet	***Wolfsgrube***

Außerhalb dieser, von der Buchtypografie abgeleiteten Auszeichnungsmöglichkeiten, gibt es seit der Schaffung der Serifenlosen Linearschriften noch eine große Anzahl anderer Garnituren, die zur Gliederung und Betonung verwendet werden. Einige davon zeigen die beiden nächsten Seiten mit der Akzidenz-Grotesk-Serie.

Schmalmager	Eng	Mager	Kursiv
Schmalhalbfett		Standard	(schräg)
Schmalfett		Halbfett	Kursiv halbfett
		Fett	(schräghalbfett)
		Super	Kursiv fett
			(schrägfett)

Breitmager Breitfett kursiv Extra Extra kursiv
Breitstandard (Breitfett schräg) Extrafett (Extra schräg)
Breithalbfett
Breitfett

Aa

Aa

Aa   Aa *Aa*

Aa *Aa* **Aa**

4.1.4 Das Wort in der Grafologie der Druckschrift

Nicht nur der geschriebene, auch der gedruckte Text läßt sich deuten. Nur steht hinter ihm keine Person, sondern eine Zeit. Mit dem neuen Schreibgerät, der Presse, ging die Schrift, der man die natürliche Bewegung der Hand ablesen konnte, verloren. Zu Beginn versuchte man zwar, die Merkmale der Handschrift auch auf die Druckschrift zu übertragen. Das gelang aber nur bedingt.

Die gotische Schrift (Textura) weist überwiegend starke Striche auf. Dort, wo dünne vorkommen, sind es Querverbindungen. Ihr enges, geschlossenes Bild vermittelt den Eindruck von Stetigkeit und Stärke, ihre Gitterstruktur den von Dauer.

Die rundgotische Schrift (Rotunda) hat Ähnlichkeit mit der gotischen, wirkt aber im ganzen nicht mehr so streng. Die waagerechten Striche gehen sanft in senkrechte über, die Innenräume der Buchstaben haben ihre Kanten eingebüßt.

Die spätgotische Schrift (Schwabacher) tauscht die senkrechte Betonung mit der waagerechten. Das entspricht der Auffassung der Renaissance, die sich von der vertikalen Gliederung der Gotik löst. Eine Betonung von dicken und dünnen Strichen wird spürbar.

In der Renaissance-Schrift (Fraktur) verengen sich die Kleinbuchstaben, verstärken sich die Strichgegensätze. Die Schnörkel der Großbuchstaben sind eine Vorwegnahme barocken Formempfindens.

Die Barock-Fraktur unterscheidet sich nicht wesentlich von der Renaissance-Fraktur, wie sich auf der anderen Seite auch die Barock-Antiqua kaum von der Renaissance-Antiqua abhebt.

In der Klassizistischen Fraktur erleben wir den starken Strichkontrast, wie ihn auch die Klassizistische Antiqua zeigt. Auch werden erstmals in der Fraktur wie in der Antiqua Schriften mit einer extrem starken Strichführung angeboten.

In der Renaissance-Antiqua zeigt sich noch das geschulte Formempfinden des humanistisch gebildeten Menschen. Sie profitiert vom künstlerischen Gespür der Bildhauer und Architekten ebenso wie von dem der Fürsten. Die Buchstaben leben aus der Spannung ihres Grundrisses und nicht wie später aus der der Strichstärken. Auch steht die Schrift noch auf festen Füßen. Waagerechte und senkrechte Striche sind meist durch einen leichten Bogen miteinander verbunden. Rundungen schwellen links unten und rechts oben an.

Die Barock-Antiqua weicht noch nicht sehr stark von der Renaissance-Antiqua ab. Und doch sind schon Tendenzen einer Aufweichung des Grundrisses spürbar. Die Senkrechten werden da und dort etwas stärker, die Waagerechten etwas dünner. Der Übergang verläuft in kleineren Bogen. Die Serifen (End- oder An- und Abstriche) flachen ab. Bei Rundungen zeigt der Wechselzug seine Druckstellen nicht mehr links unten und rechts oben, sondern zur Mitte hin verschoben.

In der Klassizistischen Antiqua wird der Grundriß der Zeichen vernachlässigt. Gepflegt wird an seiner Stelle der Strichkontrast.

Der Strichansatz bei Minuskeln ist nicht mehr schräg, sondern wird zum Galgen. Keine Bogen von den Waagerechten zu den Senkrechten Die Ovale sind zu Kreisen geworden, deren Schwellung die Buchstabenmitte erreicht. Eine Schrift, die nicht mehr ›geschrieben‹, sondern ›gestochen‹ erscheint.

In der Serifenbetonten Linear-Antiqua wird jeglicher Kontrast und jegliche Spannung vermieden. Das geht so weit, daß man den Serifen die gleiche Strichstärke gibt wie dem übrigen Buchstabenaufbau.

Die Buchstaben wirken konstruiert, in den Maßverhältnissen arm, in der Linienführung anspruchslos. Weder an den Buchstabengrundriß noch an den Buchstabenaufriß werden besondere Forderungen gestellt.

Die Serifenlose Linear-Antiqua besitzt keine Füße mehr. Die An- und Abstriche, die obere und untere Begrenzung der Buchstaben, eine einstige Notwendigkeit handschriftlicher Zeilen, entfällt.

Alle späteren Antiquaschriften sind Abwandlungen schon vorhandener. Aus heutiger Sicht läßt sich noch keine neue Variante feststellen, obwohl eine Tendenz zum Handschriftlichen zu erkennen ist.

Der Schriftwandel von der Gotik zum Barock geht nicht mehr auf ein verändertes Werkzeug, vielmehr auf ein sich änderndes Stilbewußtsein zurück. Dabei weichen Druckschriften und amtliche Handschriften in ihrem Aussehen kaum voneinander ab. Unsere Beispiele beziehen sich auf Drucktypen, die bei der Erfindung der Druckkunst beginnen und jeweils nur zwei charakteristische Formen herausgreifen.

Gotisch
Textur

Rundgotisch
Rotunda

Spätgotisch
Schwabacher

Renaissance-
und Barock-
Fraktur

Was zu den gebrochenen Schriften gesagt wurde, gilt auch für die runden. Das Werkzeug, Letter und Presse, bleibt gleich, lediglich das Stilbewußtsein beeinflußt die Form. Die Merkmale der runden Schriften zeigen sich natürlich in einer runden Buchstabenfigur am besten. Es empfiehlt sich jedoch, immer die Gesamtwirkung einer Schrift in die Betrachtung einzubeziehen, da Details selten sämtliche Stilelemente enthalten (siehe auch Seite 95 bis 97).

Renaissance-Antiqua
Garamond

Barock-Antiqua
Baskerville

Klassizistische Antiqua
Bodoni

Neuzeitliche Antiqua
Welt-Antiqua

Neuzeitliche Antiqua
Akzidenz-Grotesk

Nachbildung der
Venezianischen
Renaissance-Antiqua des
Nicolas Jenson
1470
durch die Firma Monotype
(Centaur)

ABCDEFGHIJKLMNOPQRSTUV
WXYZ   ÄÖÜ
abcdefghijklmnopqrstuvwxyz   äöü
1234567890

Nachbildung der
Französischen
Renaissance-Antiqua des
Claude Garamond
1540
durch die D. Stempel AG
(Garamond-Antiqua)

ABCDEFGHIJKLMNOPQRSTU
VWXYZ   ÄÖÜ
abcdefghijklmnopqrstuvwxyz äöü
1234567890

Nachbildung der
Barock-Antiqua des
John Baskerville
1757
durch die D. Stempel AG
(Baskerville-Antiqua)

ABCDEFGHIJKLMNOPQRSTUVW
XYZ   ÄÖÜ
abcdefghijklmnopqrstuvwxyz äöü
1234567890

Nachbildung der
Klassizistischen Antiqua
des Giambattista Bodoni
1784
durch die Bauersche
Gießerei
(Bodoni-Antiqua)

ABCDEFGHIJKLMNOPQRSTUV
WXYZ   ÄÖÜ
abcdefghijklmnopqrstuvwxyz   äöü
1234567890

Serifenbetonte
Linear-Antiqua
von Hans Wagner
1932
(Welt-Antiqua)

ABCDEFGHIJKLMNOPQRSTUVWXYZ
ÄÖÜ
abcdefghijklmnopqrstuvwxyz äöü
1234567890

Die hier verwendeten
Schriftbezeichnungen
entsprechen DIN 16 518

Serifenlose Linear-Antiqua
der H. Berthold AG
1896
(Akzidenz-Grotesk)

ABCDEFGHIJKLMNOPQRSTUVW
XYZ   ÄÖÜ
abcdefghijklmnopqrstuvwxyz   äöü
1234567890

Antiqua-Variante von
Prof. Georg Trump
1954
(Codex)

ABCDEFGHIJKLMNOPQRSTUVW
XYZ   ÄÖÜ
abcdefghijklmnopqrstuvwxyz   äöü
1234567890

Schreibschrift
der D. Stempel AG
1902
(Künstler-Schreibschrift)

ABCDEFGHIJKLMNO
PQRSTUVWXYZ   ÄÖÜ
abcdefghijklmnopqrstuvwxyz   äöü
1234567890

Handschriftliche Antiqua
von Prof. Georg Trump
1956
(Time-Script)

ABCDEFGHIJKLMNOPQRSTUV
WXYZ   ÄÖÜ
abcdefghijklmnopqrstuvwxyz   äöü
1234567890

Die hier verwendeten
Schriftbezeichnungen
entsprechen DIN 16 518

Nachbildung der Gotischen Fraktur (Textura) durch die Bauersche Gießerei 1905 (Manuskript-Gotisch)

ABCDEFGHIJKLMNOPQRSTU
VWXYZ
abcdefghijklmnopqrsftuvwxyz äöü
1234567890

Nachbildung der Rundgotischen Fraktur (Rotunda) durch Rudolf Koch 1924 (Wallau)

ABCDEFGHIJKLMNOPQRSTUVWXYZ
ÄÖÜ
abcdefghijklmnopqrsftuvwxyz äöü
1234567890

Nachguß der Spätgotischen Fraktur (Schwabacher) durch Genzsch & Heyse (Original Schwabacher)

ABCDEFGHIJKLMNOPQRSTUVW
XYZ ÄÖÜ
abcdefghijklmnopqrsftuvwxyz äöü
1234567890

Nachguß der Barock-Fraktur durch die D. Stempel AG (Luthersche Fraktur)

ABCDEFGHIJKLMNOPQRSTU
VWXYZ ÄÖÜ
abcdefghijklmnopqrsftuvwxyz äöü
1234567890

Fraktur-Variante um 1830 Gießerei Flinsch (Breite Kanzlei)

ABCDEFGHIJKLMNOPQRS
TUVWXYZ ÄÖÜ
abcdefghijklmnopqrsftuvwxyz äöü
1234567890

Die vorliegenden Schriftbezeichnungen fußen auf früheren Benennungen

Russisch

АБВГДЕЁЖЗИЙКЛМНОПРСТУФХЦЧШ
ЩЪЫЬЭЮЯ

Hebräisch

ונמםלךכיטחזוהדגבא
שתרשץצףפעס

Arabisch

من واضعي أسس فن الخط عند العرب الريحاني

Japanisch

ひらかなは紫式部や和泉式
活躍した
平安朝のはじめ
主として婦人用
使われ
和歌和文は
これで書かれま
もともとは
一字一音の
万葉仮名の草略
できたものです

Von den fremden Schriften
kann hier nur ein Teil
wiedergegeben werden

4.2 Die Zeile

4.2.1 Die Zeile und ihr Raum

Jede Zeile erscheint als ein durchbrochenes Band, das Licht reflektiert. Zum Reflektieren bieten sich ihm vier Möglichkeiten: die Buchstabeninnenräume (Punzen), die Buchstabenzwischenräume (Bleisatz: Zurichtung, Fotosatz: Laufweite), der Wortabstand (Ausschluß) und der Zeilenabstand (Bleisatz: Durchschuß, Fotosatz: Vorschub oder Zeilenschaltung).

Während der Buchstabeninnenraum ein Teil der Buchstabennegativform und damit unveränderlich ist (elektronische Variationen ausgenommen), können die anderen drei Faktoren, Buchstabenzwischenräume, Wort- und Zeilenabstand, manipuliert werden.

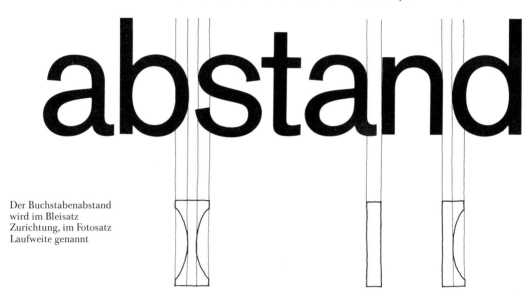

Der Buchstabenabstand wird im Bleisatz Zurichtung, im Fotosatz Laufweite genannt

Die Laufweite der Schrift kann man, sollte man aber nach Möglichkeit nicht verändern. Sie findet ihr Maß in den Serifen. Sie sollen eng stehen, sich aber nicht berühren. Bei Schriften ohne Serifen beträgt der Buchstabenabstand etwa die Stärke eines senkrechten Striches, bei Rundungen etwas weniger. Ebenso weniger bei fetten Schriften. Diese Regel muß nach unten dahingehend korrigiert werden, daß der Abstand lichter wird, je kleiner die Schriften werden und umgekehrt enger, je größer sie sind.

Als Standardmaß des Wortzwischenraumes kann ein Drittel der Schriftgröße oder der Innenraum des n gelten. Beim Blocksatz, wo die Abstände vergrößert oder verkleinert werden, damit die Zeilen ihre einheitliche Länge erhalten, sollte dieser Wert um nicht mehr als die Hälfte unterschritten und um nicht mehr als das Doppelte überschritten werden. Da bei einem Text kaum zwei Zeilen mit gleichen Wortabständen anzutreffen sind, gilt es hier lediglich, die Abstände innerhalb der jeweiligen Zeile gleich zu halten.

Rauhsatz, Flattersatz und Gedichtsatz besitzen keine einheitliche Zeilenlänge. Bei ihnen entfällt die Notwendigkeit, die Wortabstände zu vergrößern oder zu verkleinern. Hier gilt als feste Abstandsgröße der Innenraum des n.

Einige unter den Großbuchstaben gleichen einem Dreieck (A, T, V, W, Y), andere einem Kreis (C, G, O, Q). Sie beanspruchen weniger

ab stand

Platz als Buchstaben, die ein Quadrat oder Rechteck bilden. Vor ihnen darf der Wortabstand geringer sein, weil das Umfeld optisch als Freiraum hinzuzählt.

Von den sechsundzwanzig Kleinbuchstaben unseres Alphabets bewegen sich fünfzehn (t und i eingerechnet) im mittleren Ausdehnungsbereich, sechs reichen von der Grundlinie bis zur oberen Zeilenbegrenzung und fünf von der Mitte zur unteren. Optisch erscheint die Zeile etwa halb so hoch, wie sie technisch meßbar ist.

Geht man auch beim Zeilenabstand von einem Drittel der Schriftgröße aus, so wirkt der Raum insgesamt etwas größer als der Wortabstand. Das ist richtig so. Die Seite muß sich zunächst in Zeilen gliedern, dann erst in Worte und Buchstaben.

Stärkere Schriften mit kleineren Innenräumen benötigen weniger Zeilenabstand als lichte. Die Ursache liegt in der engeren Verknüpfung der stärkeren Buchstaben, die eindeutiger zu einem Band verschmelzen.

9/12 p Baskerville, normale Laufweite

»Lesen Sie, um zu leben«, dies schrieb Gustave Flaubert in einem seiner Briefe. Er meinte nicht irgendein Lesen, vielmehr das Lesen von Büchern. Das Buch ist lebensnotwendig, meint solch ein Satz auch. Und gemeint sind nicht irgendwelche Leute, sondern diejenigen, die für das Leben von Büchern geeignet, gleichsam disponiert sein könnten. Es ist eine Aufforderung, einer dringenden Bitte gleich. Im Buch –

Minus 2, zu eng

»Lesen Sie, um zu leben«, dies schrieb Gustave Flaubert in einem seiner Briefe. Er meinte nicht irgendein Lesen, vielmehr das Lesen von Büchern. Das Buch ist lebensnotwendig, meint solch ein Satz auch. Und gemeint sind nicht irgendwelche Leute, sondern diejenigen, die für das Leben von Büchern geeignet, gleichsam disponiert sein könnten. Es ist eine Aufforderung, einer dringenden Bitte gleich. Im Buch – weiß Flaubert, der Schriftstel-

Plus 2, zu weit

»Lesen Sie, um zu leben«, dies schrieb Gustave Flaubert in einem seiner Briefe. Er meinte nicht irgendein Lesen, vielmehr das Lesen von Büchern. Das Buch ist lebensnotwendig, meint solch ein Satz auch. Und gemeint sind nicht irgendwelche Leute, sondern diejenigen, die für das Leben von Büchern geeignet, gleichsam disponiert sein könnten. Es ist eine Aufforderung,

9/12 p Baskerville, halbfett normale Laufweite

»Lesen Sie, um zu leben«, dies schrieb Gustave Flaubert in einem seiner Briefe. Er meinte nicht irgendein Lesen, vielmehr das Lesen von Büchern. Das Buch ist lebensnotwendig, meint solch ein Satz auch. Und gemeint sind nicht irgendwelche Leute, sondern diejenigen, die für das Leben von Büchern geeignet, gleichsam disponiert sein könnten. Es ist eine Aufforderung,

Minus 2, zu eng

»Lesen Sie, um zu leben«, dies schrieb Gustave Flaubert in einem seiner Briefe. Er meinte nicht irgendein Lesen, vielmehr das Lesen von Büchern. Das Buch ist lebensnotwendig, meint solch ein Satz auch. Und gemeint sind nicht irgendwelche Leute, sondern diejenigen, die für das Leben von Büchern geeignet, gleichsam disponiert sein könnten. Es ist eine Aufforderung, einer dringenden Bitte gleich. Im Buch

Plus 2, zu weit

»Lesen Sie, um zu leben«, dies schrieb Gustave Flaubert in einem seiner Briefe. Er meinte nicht irgendein Lesen, vielmehr das Lesen von Büchern. Das Buch ist lebensnotwendig, meint solch ein Satz auch. Und gemeint sind nicht irgendwelche Leute, sondern diejenigen, die für das Leben von Büchern geeignet, gleichsam disponiert sein könnten. Es ist

9/12 p Akzidenz-Grotesk, normale Laufweite	»Lesen Sie, um zu leben«, dies schrieb Gustave Flaubert in einem seiner Briefe. Er meinte nicht irgendein Lesen, vielmehr das Lesen von Büchern. Das Buch ist lebensnotwendig, meint solch ein Satz auch. Und gemeint sind nicht irgendwelche Leute, sondern diejenigen, die für das Lesen von Büchern geeignet, gleichsam disponiert sein könnten. Es ist eine Aufforderung, einer dringenden Bitte gleich. Im Buch – weiß Flaubert
Minus 2, zu eng	»Lesen Sie, um zu leben«, dies schrieb Gustave Flaubert in einem seiner Briefe. Er meinte nicht irgendein Lesen, vielmehr das Lesen von Büchern. Das Buch ist lebensnotwendig, meint solch ein Satz auch. Und gemeint sind nicht irgendwelche Leute, sondern diejenigen, die für das Lesen von Büchern geeignet, gleichsam disponiert sein könnten. Es ist eine Aufforderung, einer dringenden Bitte gleich. Im Buch – weiß Flaubert, der Schrift-
Plus 2, zu weit	»Lesen Sie, um zu leben«, dies schrieb Gustave Flaubert in einem seiner Briefe. Er meinte nicht irgendein Lesen, vielmehr das Lesen von Büchern. Das Buch ist lebensnotwendig, meint solch ein Satz auch. Und gemeint sind nicht irgendwelche Leute, sondern diejenigen, die für das Lesen von Büchern geeignet, gleichsam disponiert sein könnten. Es ist eine Aufforderung,
Akzidenz-Grotesk, halbfett normale Laufweite	**»Lesen Sie, um zu leben«, dies schrieb Gustave Flaubert in einem seiner Briefe. Er meinte nicht irgendein Lesen, vielmehr das Lesen von Büchern. Das Buch ist lebensnotwendig, meint solch ein Satz auch. Und gemeint sind nicht irgendwelche Leute, sondern diejenigen, die für das Lesen von Büchern geeignet, gleichsam disponiert sein könnten. Es ist eine Aufforderung, einer dringenden Bitte gleich.**
Minus 2, zu eng	**»Lesen Sie, um zu leben«, dies schrieb Gustave Flaubert in einem seiner Briefe. Er meinte nicht irgendein Lesen, vielmehr das Lesen von Büchern. Das Buch ist lebensnotwendig, meint solch ein Satz auch. Und gemeint sind nicht irgendwelche Leute, sondern diejenigen, die für das Lesen von Büchern geeignet, gleichsam disponiert sein könnten. Es ist eine Aufforderung, einer dringenden Bitte gleich. Im Buch – weiß**
Plus 2, zu weit	**»Lesen Sie, um zu leben«, dies schrieb Gustave Flaubert in einem seiner Briefe. Er meinte nicht irgendein Lesen, vielmehr das Lesen von Büchern. Das Buch ist lebensnotwendig, meint solch ein Satz auch. Und gemeint sind nicht irgendwelche Leute, sondern diejenigen, die für das Lesen von Büchern geeignet, gleichsam disponiert sein könnten. Es ist**

4.2.2 Die Zeile und ihre Länge

Jeder Autor besitzt grob gesehen zwei Möglichkeiten, seinen Text abzufassen: in der Art einer Erzählung oder in der eines Gedichtes. Mit der Wahl der Sprachform aber hat er zugleich die Wahl der Zeilenform getroffen. Der Abfolge annähernd gleich wichtiger Gedanken seiner Erzählung entspricht die Abfolge annähernd gleich langer Zeilen seines Manuskriptes. Die unterschiedlich langen Zeilen eines Gedichtes hingegen sind das Ergebnis des jeweiligen Versmaßes.

Die äußere Form des Textes gehorcht also der inneren Form der Sprache. Sie ergibt einmal eine epische und einmal eine lyrische Zeilenart, wobei in der ersten die annähernd gleich langen Zeilen dort enden, wo das Papierformat es erfordert, während in der zweiten die Länge von der Sprache bestimmt wird.

Die epische Form der annähernd gleich langen Zeilen hat durch Gutenbergs Satztechnik zu exakt gleich langen Zeilen geführt. Damit ist die epische Satzart mit zwei Formen vertreten: dem Rauhsatz und dem Blocksatz. Der Rauhsatz wird zum Blocksatz, wenn man bei kürzeren Zeilen die Wortabstände so lange breiter macht, bis die Zeilen gleich lang sind.

Auch die lyrische Form kennt zwei Zeilenarten: den Gedichtsatz und den Flattersatz. Während der Gedichtsatz sprachrhythmischen Regeln gehorcht, wird der Flattersatz von formalrhythmischen bestimmt. Dem einen liegt ein sprachliches, dem anderen ein ästhetisches Muster zugrunde.

Das eine Mal hat die Sprache den Zeilen ihr Maß aufgedrängt, das andere Mal die Zeile der Sprache. Flattersatz rhythmisiert den Text.

Der Blocksatz ist vom Aussehen her statisch. Rauhsatz, Gedicht- und Flattersatz sind rhythmisch.

Der Flattersatz betont bewußt den Wechsel von längeren und kürzeren Zeilen, während der Rauhsatz die Zeilenlänge unfrisiert läßt. Erschwerend für den Flattersatz ist, daß der Unterschied im Wechsel annähernd gleich sein soll.

Für die Wahl der Zeilenlänge können die Sprache, die Art unseres Lesens oder die Satzart ausschlaggebend sein.

Die Sprache beeinflußt nur im Gedicht die Satzform. In der Regel ist die längste Zeile hier zugleich die Satzbreite. Bei schmalen Bänden kommt es vor, daß sehr lange Verse geteilt werden müssen, wobei der Rest in der nächsten Zeile nach rechts gerückt und am Anfang mit einer eckigen Klammer versehen wird.

Der Art unseres Lesens würden Zeilen mit einer Länge von fünfzig bis siebzig Anschlägen entsprechen. Zu breiter Text bereitet dem Leser Mühe, den jeweils nächsten Zeilenanfang zu finden, zu schmaler stört seinen Leserhythmus.

Der Blocksatz verlangt im Durchschnitt acht Wortabstände je Zeile, wenn garantiert sein soll, daß der verringerte oder erweiterte Raum nicht zu stark vom Mittelwert abweicht.

Welche der Regeln man sich zugrunde legt, hängt letztlich vom Standpunkt des Gestalters ab. Sie dürften aber ohnehin im Ergebnis nicht zu weit voneinander abweichen.

Bei zu schmalen Zeilen sollte auf die Blockform zugunsten des Rauh- oder Flattersatzes verzichtet werden. Die durch den Rauh- oder Flattersatz bedingte Rhythmisierung des Textes ist für den Leser weniger störend als die sonst unvermeidlich schlechten und gehäuften Trennungen sowie die zu engen oder zu weiten Wortabstände im anderen Falle.

Rauhsatz
technisch bedingt
Zeilenlänge
nach Satzspiegelgröße

»Lesen Sie, um zu leben«, dies schrieb Gustave Flaubert in einem seiner Briefe. Er meinte nicht irgendein Lesen, vielmehr das Lesen von Büchern. Das Buch ist lebensnotwendig, meint solch ein Satz auch. Und gemeint sind nicht irgendwelche Leute, sondern diejenigen, die für das Lesen von Büchern geeignet, gleichsam disponiert sein

Blocksatz
technisch bedingt
Zeilenlänge
nach Blockgröße

»Lesen Sie, um zu leben«, dies schrieb Gustave Flaubert in einem seiner Briefe. Er meinte nicht irgendein Lesen, vielmehr das Lesen von Büchern. Das Buch ist lebensnotwendig, meint solch ein Satz auch. Und gemeint sind nicht irgendwelche Leute, sondern diejenigen, die für das Lesen von Büchern geeignet, gleichsam disponiert sein könnten. Es ist eine Aufforderung,

Flattersatz
formalistisch bedingt
Zeilenlänge nach
rhythmischen Gesetzen

»Lesen Sie, um zu leben«, dies schrieb Gustave Flaubert in einem seiner Briefe. Er meinte nicht irgendein Lesen, vielmehr das Lesen von Büchern. Das Buch ist lebensnotwendig, meint solch ein Satz auch. Und gemeint sind nicht irgendwelche Leute, sondern diejenigen, die für das Lesen von Büchern geeignet, gleichsam disponiert sein könnten. Es ist

Gedichtsatz
sprachlich bedingt
Zeilenlänge
nach Versmaß

An ihren sohlen haftet
die erde ihrer sprache
Gewiß, der duft warmen brotes
erbarmt sich ihrer
Doch wer weiß schon, was das heißt:
mit dem wort am leben hängen

4.2.3 Die Zeile und ihre Anordnung

Wie und wo eine Zeile zu stehen hat, ist zunächst von der Satzart abhängig. Der Anordnung im Blocksatz und damit überwiegend im Buch sind enge Grenzen gezogen. Der Blocksatz fordert links und rechts bündige Ränder. Versetzte Zeilen erscheinen so gut wie nie. Selbst Überschriften innerhalb oder außerhalb der Blockformation sind an den Raster gebunden, der dem Seitenaufbau zugrunde liegt. Ob die Überschriften auf Mitte oder ob sie seitlich gestellt werden, ist eine Frage der Gesamtkonzeption des Buches.

Abwechslungsreicher sind der Gedicht- und der Flattersatz. Allein der Gedichtsatz kennt linksbündige, linksgestaffelte und linksversetzte Zeilen. Der Abstand der Überschrift zum Text, wie der von Strophe zu Strophe, unterliegt dem Raster ebenso wie der von Gedicht zu Gedicht.

Der Flattersatz ergänzt die oben genannten Anordnungen noch durch freie und rechtsbündige Formen. Gelten im Gedicht die verschiedenen Anordnungen der Verdeutlichung der Sprache, so folgen sie im Flattersatz einem Gestaltungsschema.

Der Stand und Abstand der Zeilen im Verwaltungsbereich, wie bei Karteikarten und Formularen, wird von der Art des Eintrages bestimmt, das heißt danach, wie der Vordruck ausgefüllt wird, ob mit der Hand oder mit der Maschine. Siehe dazu Kapitel 5.2.3.

Die wenigsten Vorgaben zu diesem Thema liefert die Werbetypografie, es sei denn, daß auch hier ein Raster den Gestaltungsmodus festlegt. Siehe dazu Kapitel 5.4.4. Im allgemeinen sind hier dem Gestalter größere Freiheiten eingeräumt. Als Richtschnur dient vielleicht die Erkenntnis, daß eine geschlossene Satzform besser wirkt als eine auseinanderstrebende.

Steige und Stiege
    Stiege und Steige
        Steigende Stiege
            Steinerne Steige
                Von oben nach unten
                    Von unten nach oben
                        Von oben nach oben
                            Von unten nach unten
                                Die einen dorthin
                                    Die anderen dahin
                                        Wie es bestimmt ist

Blocksatz

> Wenn eine Frau ein Genie ist, dann ist sie es höchstens die paar Tage, die eine Frau dafür büßt, daß sie ein Weib ist. All die andere Zeit aber dürfte sie dafür büßen, daß sie ein Weib und ein Genie ist.

Blocksatz verschränkt

> Die Kultur hat nur ein vorgeschriebenes Maß von Schönheit nötig. Sie macht sich alles selbst, sie hat ihre Kosmetik und braucht nichts vom Kosmos zu borgen.

Flattersatz linksbündig

> Es ist gut, daß es der Gesellschaft, die daran ist, die weibliche Lust trocken zu legen, zuerst mit der männlichen Phantasie gelingt. Sie wäre sonst durch die Vorstellung ihres Endes behindert.

Flattersatz rechtsbündig

> Vieles, was bei Tisch geschmacklos ist, ist im Bett eine Würze. Und umgekehrt. Die meisten Verbindungen sind darum so unglücklich, weil diese Trennung von Tisch und Bett nicht vorgenommen wird.

Freie Zeilenanordnung

> Es gibt eine Pädagogik, die sich schon zu Ostern entschließt, die Jugend schonend darauf vorzubereiten, was im geheimnisvollen Zimmer am Christbaum hängt.

Satz auf Mittelachse

> Der schöpferische Mensch sieht Helenen in jedem Weibe. Er hat aber die Rechnung ohne den Analytiker gemacht, der ihn erst darüber aufklärt, was er eigentlich in Helenen zu sehen habe.

Die Texte dieser Seite sind Aphorismen von Karl Kraus

4.3 Die Seite

4.3.1 Die Seite und ihr Register

Unter Register versteht der Drucker das Maß, das den Zeilen einer Seite zugrunde liegt. Genaugenommen ist es die Stellung der Zeilen auf dem Druckbogen. Sie muß so sein, daß sich beim Druck der Bogenrückseite eine genaue Übereinstimmung mit der Vorderseite ergibt. Das heißt, die Zeilen hinten müssen mit denen vorne korrespondieren. Das gilt auch für Überschriften oder andere Satzelemente. Dadurch verhindert man, daß zwischen den Zeilen ein grauer Schimmer entsteht, der das Lesen erschweren würde.

Eng mit dem Register ist der Satzspiegel verbunden. Damit meint man die Ausdehnung des Satzes in der Höhe und Breite. Diese Fläche, die in der Breite der Breite der Zeilen und in der Höhe der Anzahl der Zeilen je Seite entspricht, soll nirgendwo im Buch über- oder unterschritten werden. Selbst größere Frei- oder Leerräume können davon nicht abweichen. Sie finden ihr Maß immer in einer Anzahl solcher Zeilen, nie in einer Abmessung dazwischen.

In den Satzspiegel einbezogen sind der lebende Kolumnentitel wie auch die Fußnoten. Nicht zu ihm zählt die normale Seitenzahl. Marginalien oder Randbemerkungen stehen außerhalb eines etwas schmaleren Satzspiegels. Siehe dazu Kapitel 5.1.3.

Dieser sehr strenge Rahmen führt dann zu Schwierigkeiten, wenn ein Absatz mit nur einer Zeile auf einer Seite beginnt oder mit nur einer Zeile auf einer Seite endet. Es sollten nicht weniger als zwei Zeilen abgetrennt werden. Ein weiteres Problem kann eine Überschrift bilden, die zu nahe an den unteren Rand gerät. Ihr sollen in der Regel nicht weniger als drei Zeilen des dazugehörenden Kapitels folgen. Falls sich hier kein Ausweg finden läßt, muß der Lektor zu Rate gezogen werden.

Die linken Spalten zeigen Ausgangs- und Einzugszeilen, wie sie nicht angeordnet werden sollen, die rechten, wie es richtig wäre

ner Lyrik wider.
  Nun, Schmucklosigkeit hielt auch ich für einen großen Vorzug, vor allem im Stilistischen. Dem Argument meines Verlegers hatte ich nichts entgegenzusetzen, ich wußte es ja nicht besser. Für meine Augen jedoch blieb die Übereinstimmung von Text und Schrift weiterhin unbefriedigend.
  Seitdem habe ich ein wenig

Prinzipien, und Laien halten den Betrieb doch bloß auf.
  Mittlerweile habe ich es so weit gebracht, daß ich mich beteiligen darf. Noch heute freut mich, daß wir uns bei einem meiner Romane für die Trump-Mediaeval und bei einem Gedichtband für die Janson-Antiqua entschieden haben.
  Gern würde ich mehr von Schriften verstehen. Doch woher

Links der Text der Vorderseite, rechts der der Rückseite

Die Druckschrift mit ihrer einheitlichen Strichstärke erinnerte mich an die Beschriftungen von Vermessungs- und Bauplänen. Ja, durch solche Buchstaben machen sich Ingenieure verständlich. Für Gedichte wie die meinen, dachte ich, hätte man doch wohl eine andere Schrift wählen müssen.

Schmucklosigkeit

Später sprach ich vorsichtig mit meinem Verleger darüber. Er meinte, gerade in ihrer Schmucklosigkeit spiegele die Futura eine wesentliche Eigenschaft moder-

Bei Texteinschüben aus einer anderen Größe muß das Register danach wieder eingehalten werden

Reiner Kunze hat sich schon sehr früh auf diese Auffassung Bechers berufen und sie sich anverwandelt. In einem Vortrag von 1959 schrieb er:

In der Lyrik werden die Erkenntnisse über den Menschen und das Leben nicht durch eine fremde poetische Gestalt vermittelt. Der Leser geht selbst in die poetische Gestalt der Lyrik ein.

Diese »Macht des Lyrikers« dürfte Kunzes Sendungsbewußtsein als Lyriker und repräsentatives Subjekt bis in die siebziger Jahre bestimmt haben. Das Gedicht galt ihm dabei »als stabilisator, als orientierungspunkt eines ichs, als akt der gewinnung von freiheitsgraden nach innen und

4.3.2 Die Seite und ihr Name

Das bescheidene Dasein einer Seite wird häufig nur durch ebenso bescheidene Ziffern namentlich festgehalten. Diese können aber, vor allem bei Fach- und Sachbüchern, außerordentlich wichtig werden.

Die Seitenzahl, in der Fachsprache Pagina oder toter Kolumnentitel genannt, wird in der Regel ihren Platz unterhalb des Satzes einnehmen, kann aber genausogut oberhalb stehen. Man findet sie häufig mit der äußeren Satzkante bündig, wie auch etwas eingerückt. Vor allem dort, wo sie zum Nachschlagen wichtig wird, dürfte dieser Platz günstiger sein als auf Mitte des Satzes. Bei mehrspaltigem Satz nimmt die Pagina oft auf eine Spaltenkante Bezug. Zu merken ist, daß gerade Zahlen auf linken, ungerade auf rechten Seiten stehen.

Häufig ist die Seitenzahl aus der gleichen Schrift und Größe wie der übrige Text. Größer wird sie nur, wo sie schmückenden Charakter bekommen soll. Kleiner sieht man sie selten.

Der Abstand der Zahl vom übrigen Text bewegt sich in der Abmessung zwischen einer halben Zeile und zwei Zeilen, je nach vorhandenem Raum. Die Pagina steht außerhalb des Satzspiegels.

Der lebende Kolumnentitel, so nennt man die Seitenzahl mit beigefügtem Text, hat nicht auf allen Seiten einen gleichlautenden Inhalt. Entweder besteht er aus dem Titel des Buches und den Überschriften der Kapitel oder nur aus den Hauptüberschriften und Untertiteln der Kapitel, je nachdem, wie stark das Buch gegliedert ist. Dabei trägt die linke Seite immer die übergeordneten, die rechte die untergeordneten Titel. Das heißt, daß der rechte Text häufiger wechselt als der linke.

Schriftgröße und Schriftart unterliegen keiner Regel. Vernünftig aber ist es, über die Konsultationsgröße nicht hinauszugehen. Ebenso sollte man bei der Schriftwahl innerhalb der Schriftfamilie bleiben, wobei auf die längste Überschrift des Buches zu achten ist, weil diese den längsten lebenden Kolumnentitel ergibt.

Bei Zeitschriften hat es sich neuerdings eingebürgert, daß ein lebender Kolumnentitel am Fuß der Seite steht. Mitunter wird die Seitenzahl sogar vom Titel getrennt und an den Kopf gestellt, während der Titel unten bleibt. Diese Anordnung ist auch vertauscht anzutreffen, indem der Titel am Kopf und die Ziffer am Fuße steht, wie das bei Nachschlagewerken üblich ist, wobei dort der Titel von Seite zu Seite wechselt und in der Größe dem Grundtext entspricht.

5 Die Anwendung

Dieses Kapitel wurde fünfmal unterteilt. Es hat sich gezeigt, daß das, was in der einen Disziplin wichtig ist, in der nächsten eine untergeordnete Rolle spielen kann, ja vielleicht sogar ungültig wird. So ist in der Lesetypografie der Aufbau zunächst waagerecht und dann senkrecht, während die Verwaltungstypografie die Folge umkehrt. Und so gehorcht schließlich das Lesen auf dem Papier anderen Gesetzen als das auf dem Bildschirm.

5.1	Lesen

Wenn wir von Lesen sprechen, meinen wir mehr als nur das Abtasten einzelner Worte oder Zeilen. Es ist die Beschäftigung mit einem Text über einen längeren Zeitraum hinweg.

5.1.1	Vom Prozeß des Lesens

Wer Schrift genau betrachtet, wird feststellen, daß die meisten Buchstaben im Profil dargestellt sind. Und zwar blicken sie in jene Richtung, in die unser Auge während des Lesens wandert. Viele Schriften sind zudem noch mit Serifen ausgestattet, die dem Leser eine zusätzliche Führungslinie bieten.

Die ägyptischen Hieroglyphen wurden nach ästhetischen Überlegungen geschrieben. Man kann sie einmal links- und einmal rechtsläufig sehen, manchmal sogar in beiden Stellungen gleichzeitig. Dennoch hatten die Griechen eine linksläufige Schrift übernommen, die sie um 600 v. Chr. zu einer furchenwendigen (bustrophedon) umgestalteten, ehe sie um 500 v. Chr. endgültig zur Rechtsläufigkeit kamen.

Grund für diesen Wandel dürfte das damalige Schreibgerät oder zumindest die Haltung desselben gewesen sein. Vermutlich wurde es zunächst sehr steil geführt, bis man zu unserer heutigen bequemeren Stellung fand, die eben zur Rechtsläufigkeit der Schrift verleitete. Die Schriftstellung ist also der Schreibhaltung gefolgt und diese wiederum hat unsere Leserichtung geprägt.

Ungeachtet der Richtung beruht Lesen aber auf zwei Vorgängen: dem Erfassen und dem Erkennen von Zeichen. Erfaßt werden Wortbilder und mit Wortbildern in unserem Gedächtnis verglichen. Deckt sich das Wortbild vor uns mit dem Wortbild in uns, so haben wir das Wort erkannt, wir haben es gelesen.

Seltsamerweise benützt der Leser sein Seh- und Gedächtniswerkzeug beinahe wie einen Fotoapparat. Der Blick gleitet über die Zeile, hält ein und belichtet. Dann gleitet er weiter, hält abermals ein und belichtet erneut. Während des jeweiligen Stillstandes (Fixation) nimmt er etwa zehn Buchstaben wahr, vergleicht diese mit jenen in seinem Gedächtnis, erkennt sie und gleitet zu den nächsten. Sein Vergleich vollzieht sich aber nicht an einzelnen Buchstaben, sondern am Wortumriß.

Wir erfassen während des Lesens jeweils etwa zehn Buchstaben, wobei nur die mittleren scharf gesehen werden

augenblick

Unser Auge stellt eine nicht randkorrigierte Linse dar, weshalb wir das auf unsere Netzhaut gelangte Wort nur in der Mitte scharf, dem Rand zu aber verschwommen wahrnehmen. Wir erkennen und erraten also gleichermaßen, und zwar sowohl am Wortumriß wie aus dem Sinnzusammenhang. Dabei kann es vorkommen, daß wir einander sehr ähnliche Wortbilder falsch identifizieren, uns verlesen. Deshalb gleitet unser Blick nicht kontinuierlich vorwärts, sondern springt manchmal zurück (Regression), um sich zu vergewissern.

Die untere Hälfte eines Wortes bietet für den Leser wenig Unterscheidungsmerkmale

Buchstaben und Worte

Worte und Zeilen

sind Grundbausteine

Zeilen und Seiten

Der Leser identifiziert ein Wort überwiegend an der oberen Worthälfte

Buchstaben und Worte

Worte und Zeilen

Zeilen und Seiten

sind Grundbausteine

Vielleicht sollte man zum besseren Verständnis noch eine Unterscheidung zwischen Lesetext und Mengentext treffen. Beide sind nicht unbedingt das gleiche. Zwar haben wir es beim Lesetext auch meistens mit Mengentext zu tun, aber nicht umgekehrt. Ein Roman enthält zweifellos eine Menge Lesetext, ein Lexikon hingegen eine Menge Text, aber sicherlich nicht zum fortlaufenden Lesen.

Auch Überschriften sollten nicht erheblich vom übrigen Text abweichen. Zu große Worte können nicht mehr als Ganzes erfaßt werden. Der zur Entschlüsselung nötige Wortumriß bleibt stückhaft, der Leser muß buchstabieren.

Ähnlich ergeht es ihm bei Großbuchstaben. Eine Zeile, nur in Versalien gesetzt, bietet ein gleichförmiges Band, das jede griffige Kontur vermissen läßt.

5.1.2 Vom Charakter des Textes zum Charakter der Schrift

Betrachten wir die sprachliche Ausdrucksweise von der Belletristik über den Journalismus bis hin zum Werbetext, so finden wir eine Menge Stilarten, die sich stark voneinander unterscheiden. Zum jeweiligen Sprachstil hier die entsprechende Schrift zu finden, ist nicht nur eine der Hauptaufgaben des Typografen, sondern auch ein unausgesprochenes Verlangen des Lesers. Vom Roman oder von einer Erzählung erwartet er sich eine andere visuelle Ausstattung als von einem Prospekt oder einer Broschüre.

Einen großen Teil der Renaissance-, Barock- oder Klassizistischen Schriften empfinden wir als literarisch, weil sie uns überwiegend aus Büchern literarischen Inhalts bekannt wurden. Ähnlich ergeht es uns mit Serifenbetonten oder Serifenlosen Charakteren. Nicht nur ihr nüchternes Aussehen, sondern auch das konstruierte Bild ihrer Buchstaben lassen uns hier auf technische oder konstruierte Dinge schließen. Dabei verbindet sich der Aspekt des Technischen auch noch mit dem des Modernen.

So einfach, wie die Verständlichkeit unseres Buches es erfordert, liegen die Dinge natürlich nicht immer. Man kann einen Text als hart oder klar, als dunkel oder leicht empfinden. Mit Sicherheit läßt sich diesen Gefühlen eine entsprechende Schrift unterlegen. Das alles können aber nur grobe Anhaltspunkte sein. Wo nicht eindeutige vorliegen, wie bei einem historischen Werk der klare zeitliche Umriß, wird dem Typografen eine gewisse Verantwortung – der Gebrauch seiner Sensibilität – nicht erlassen werden können. Denn eine Menge Schriften eignen sich für verschiedene Aufgaben.

Generell gilt für Leseschriften, daß sie zunächst den Text mühelos zu transportieren haben und erst in zweiter Linie ihn grafisch zu deuten. Es darf also die stilistische Information der Schrift die sprachliche nicht verdrängen. Insofern sind alle Schriften, die von der Basisform unseres Alphabetes zu stark abweichen, ungeeignet, da sie den Leseprozeß durch ein mühsames Entschlüsseln zu sehr erschweren.

Die nachfolgenden drei Seiten wollen zeigen, wie sehr ein Text von der Schrift abhängig ist. Die gleichlautenden Passagen erfahren durch ihre Type einen Wandel, der selbst die Textaussage berührt. Es soll hier dem Leser überlassen bleiben, sich die Form auszuwählen, die dem Inhalt des Geschriebenen am besten entspricht.

»Lesen Sie, um zu leben«, dies schrieb Gustave Flaubert in einem seiner Briefe. Er meinte nicht irgendein Lesen, vielmehr das Lesen von Büchern. Das Buch ist lebensnotwendig, meint solch ein Satz auch. Und gemeint sind nicht irgendwelche Leute, sondern diejenigen, die für das Lesen von Büchern geeignet, gleichsam disponiert sein könnten. Es ist eine Aufforderung, einer dringenden Bitte gleich. Im Buch – weiß Flaubert, der Schriftsteller, aus Erfahrung – steckt Leben, steckt Summe von Lebenswirklichkeit, das Leben, »wie es im Buche steht«, sozusagen, das zugleich reale und das erfundene Leben, wie es aus Büchern kommt. Manches scheint phantastisch und ist doch unverhüllte Realität, eine Wirklichkeit freilich, die verpackt ist zwischen der Buchhülle. Ein Buch bietet sich so an. Es liegt vor einem, eine Ware für die einen, etwas zu »Vermarktendes«, wie das böse Wort heißt, und es liegt vor mir als Geheimnis, als Rarität, als etwas Besonderes, als Überraschung. Es muß nicht das Buch der Bücher sein. Es muß keine Religion in ihm offenbart werden. Es kann etwas durchaus anderes sein, und dennoch ist dieses Geheimnis für manche da, wenn sie ein Buch in die Hand nehmen, wieder und wieder, etwas, das immer aufs neue wie zum erstenmal geschieht, das nicht

12 p Baskerville
Zeilenschaltung 6,5 mm
Rauhsatz
Eine der gebräuchlichsten
Leseschriften ist diese
Barock-Antiqua. Ihr
neutrales Bild eignet sich
für die verschiedensten
Aufgaben

»Lesen Sie, um zu leben«, dies schrieb Gustave Flaubert in einem seiner Briefe. Er meinte nicht irgendein Lesen, vielmehr das Lesen von Büchern. Das Buch ist lebensnotwendig, meint solch ein Satz auch. Und gemeint sind nicht irgendwelche Leute, sondern diejenigen, die für das Lesen von Büchern geeignet, gleichsam disponiert sein könnten. Es ist eine Aufforderung, einer dringenden Bitte gleich. Im Buch – weiß Flaubert, der Schriftsteller, aus Erfahrung – steckt Leben, steckt Summe von Lebenswirklichkeit, das Leben, »wie es im Buche steht«, sozusagen, das zugleich reale und das erfundene Leben, wie es aus Büchern kommt. Manches scheint phantastisch und ist doch unverhüllte Realität, eine Wirklichkeit freilich, die verpackt ist zwischen der Buchhülle. Ein Buch bietet sich so an. Es liegt vor einem, eine Ware für die einen, etwas zu »Vermarktendes«, wie das böse Wort heißt, und es liegt vor mir als Geheimnis, als Rarität, als etwas Besonderes, als Überraschung. Es muß nicht das Buch der Bücher sein. Es muß keine Religion in ihm offenbart werden. Es kann etwas durchaus anderes sein, und dennoch ist dieses Geheimnis für manche da, wenn sie ein Buch in die Hand nehmen, wieder und wieder, etwas, das immer aufs neue wie zum erstenmal geschieht, das nicht ein

12 p Bodoni
Zeilenschaltung 6,5 mm
Rauhsatz
Der gleiche Text erhält in dieser Schrift ein völlig neues Aussehen und damit eine andere Qualität

»Lesen Sie, um zu leben«, dies schrieb Gustave Flaubert in einem seiner Briefe. Er meinte nicht irgendein Lesen, vielmehr das Lesen von Büchern. Das Buch ist lebensnotwendig, meint solch ein Satz auch. Und gemeint sind nicht irgendwelche Leute, sondern diejenigen, die für das Lesen von Büchern geeignet, gleichsam disponiert sein könnten. Es ist eine Aufforderung, einer dringenden Bitte gleich. Im Buch – weiß Flaubert, der Schriftsteller, aus Erfahrung – steckt Leben, steckt Summe von Lebenswirklichkeit, das Leben, »wie es im Buche steht«, sozusagen, das zugleich reale und das erfundene Leben, wie es aus Büchern kommt. Manches scheint phantastisch und ist doch unverhüllte Realität, eine Wirklichkeit freilich, die verpackt ist zwischen der Buchhülle. Ein Buch bietet sich so an. Es liegt vor einem, eine Ware für die einen, etwas zu »Vermarktendes«, wie das böse Wort heißt, und es liegt vor mir als Geheimnis, als Rarität, als etwas Besonderes, als Überraschung. Es muß nicht das Buch der Bücher sein. Es muß keine Religion in ihm offenbart werden. Es kann etwas durchaus anderes sein, und dennoch ist dieses Geheimnis für manche da, wenn sie ein Buch in die Hand nehmen, wieder und wieder, etwas, das immer aufs neue wie zum erstenmal geschieht, das nicht einfach repetierbar ist als Vorgang. Ein Buch

12 p Akzidenz-Grotesk
Zeilenschaltung 6,50 mm
Rauhsatz
Selbst sachliche Typen
wie diese können eine
Botschaft nie ganz
wertfrei transportieren.
Immer interpretiert der
Schrifttypus mit

5.1.3 Vom Charakter der Schrift zum Charakter der Seite

Man sagt vom Laub, daß in seiner Gestalt der Baum, zu dem es gehört, vorgezeichnet sei. Die kleinere Form wiederholt also die größere oder umgekehrt.

Wenn wir die Seite als eine Verzweigung von Gedanken verstehen, dann fällt dem Wort die Rolle des Blattes zu. Das heißt, seinem Aufbau sind die Maße für die Anordnung der Seite zu entnehmen.

Ist eine Schrift leicht und licht, dann empfiehlt es sich, auch die Seite leicht und licht zu halten. Die Zeilen dürfen nicht zu lang, die Abstände nicht zu eng und die Zeilenanzahl darf nicht zu groß sein. Umgekehrt kann eine kräftige Schrift etwas breitere Zeilen mit weniger Abstand und in größerer Zahl auf einer Seite vertragen.

Muß man aus kalkulatorischen oder anderen Gründen auf diese Vorgaben verzichten, so sollte dennoch eine Zeile nicht unter fünfzig und nicht über siebzig Anschläge zählen. Das besagt zweierlei. Einmal bezeichnet der Begriff Anschlag den Tastendruck an der Maschine und meint damit nicht ein Längen-, sondern ein Mengenmaß. Zum anderen erklärt diese Zahl, daß nicht nur Buchstaben gemeint, sondern auch Wortabstände einbezogen sind. Dieses Maß gilt auch für kleinere Schriften. Das heißt, daß sie kürzere Zeilen ergeben. Da die Zeilen im Lesetext gleich oder annähernd gleich lang sind, vollzieht sich der Lesesprung von einer Zeile zur nächsten in etwa gleichen Zeitabständen. Das führt zu einem Leserhythmus, der für ein bequemes Lesen wichtig ist. Zu lange Zeilen erschweren das Auffinden der nächsten Zeile, zu kurze lassen den Rhythmus nicht zur Entfaltung kommen.

Eine Seite verdankt ihre Lesbarkeit aber nicht nur den richtigen Zeilen-, sondern auch den richtigen Wortabständen. Dabei sollte die waagerechte Unterteilung etwas größer sein als die senkrechte, damit die Leseführung entlang der Zeilen gesichert bleibt.

Die Zeilenanzahl einer Seite ist eng mit den Papierrändern verflochten. In der Regel sind etwa zwei Drittel einer Seite bedruckte Fläche. Taschenbücher gehen bis zu drei Viertel, splendide Werke erlauben sich die Hälfte.

Betrachtet man die Stellung des Textes genauer, so wird man gewahr, daß sie keineswegs auf die Mitte des Blattes ausgerichtet ist. Man verfährt entweder nach Gutdünken, verläßt sich auf sein Gefühl oder man nimmt sich einen älteren Kanon zuhilfe. Ich nenne das erste eine freie Anordnung, das zweite eine konventionelle. Die freie unterliegt den Kriterien der Mode, die konventionelle läßt sich errechnen. Dabei wird die Größe des Papiers zum Ausgangspunkt. Gleichgültig, ob die Seite ein stehendes oder ein liegendes Rechteck oder ein Quadrat darstellt, der Text wird die Proportionen der Seite in verkleinertem Maßstab wiedergeben.

Das Seitenpaar zeigt die beiden inneren Ränder zusammen etwa so breit wie die äußeren einzeln. Das ergibt je Seite ein Verhältnis von 1:2 oder 2:4. Der obere Rand ist ein klein wenig größer als der innere,

Ein konventionelles Seitenpaar mit den üblichen Randmaßen. Es unterliegt einem Kanon, der noch aus der Renaissance stammt

Der Satzspiegel und die Papierränder durch Diagonalen ermittelt

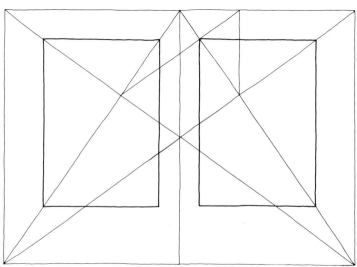

Hier wird ein ähnliches Verhältnis durch die Blattaufteilung in neun Waagerechte und neun Senkrechte erzielt

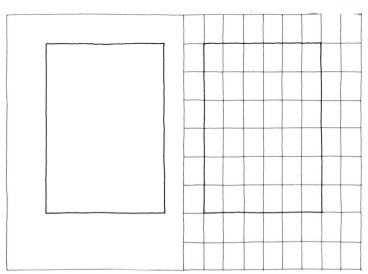

Diese genialen Tierzeichnungen, die immer mit den Lettern des jeweiligen Tiernamens die Komposition einer Seite bilden, sind nicht nur die Vorläufer derjenigen Picasso's zu Texten Buffon's (1942), sondern als Ganzes der Prototyp aller modernen «Bestiaires» über Dufy (1911) bis zu Trémois (1958) und Friedländer (1963).

Die ganzseitigen Lithographien eines Delacroix, Manet und Redon haben zur Verselbständigung der Buch-Illustration geführt, doch damit das Wesen der die Einheit von Schrift und Bild integrierenden Buchkunst in Frage gestellt (die französische Bezeichnung des ganzseitigen Bildes als «illustration hors texte» rührt an dieses Problem). Die dekorative Geschlossenheit der illustrierten Buchseite, wie sie in England schon vor 1800 dem genialen William Blake (1757 bis 1827) und dann William Morris (1834 bis 1896), dem Reformer und Gründer der Kelmscott Press, gelang, hat in Frankreich erst der junge Maurice Denis erreicht (1870 bis 1943), - wenn man auch nicht Manet's zauberhafte Radierungen zu «Le Fleuve» von Charles Cros vergessen darf, die sein Drucker Delâtre 1875 mit sicherer Eleganz dem Schriftbild der Reime einfügte. Als Wortführer des Kreises der Maler um Emile Bernard und Paul Gauguin, der sogenannten Nabis, fand Denis der Formel der neuen Buchkunst: «Mais l'illustration, c'est la décoration d'un livre!» – «Trouver cette décoration sans servitude du texte, sans exacte correspondance de sujet avec l'écriture, mais plutôt une broderie d'arabesques sur les pages, un accompagnement de lignes expressives.» Was dieser zukunftsträchtigen These und ihrer ersten Ausformung im Dekor zu Verlaine's reuevollem Gedichtzyklus «Sagesse» zugrunde liegt, sind die Cloisonismus genannten Farbzonen der Schule von Pont Aven, die traumhafte Gestimmtheit des Symbolismus, besonders bei Odilon Redon, und die ornamentale Kraft der seit den 60er Jahren in Europa bekannt gewordenen japanischen Holzschnitte. Denis gelang die Synthese. Nach der Jahrhundertwende stellte er sich mit dem Wort seiner «Théories»: «L'Art est la santification de la nature» ganz in den Dienst christlicher Themen; er bezog die Kompositionsweise der spätmittelalterlichen Stundenbücher in seine Synthese ein und vollbrachte mit Hilfe Jacques Beltrand's

in dem von zahlreichen Platten gedruckten Farbholzschnitt Außerordentliches. Das Überzeugendste sind wohl die «Fioretti», die «Blümlein des hl. Franz» (1913), deren Blütenleisten gesäumte Verehrung der Fresken von Giotto's «Franzlegende» in Assisi nicht verleugnen.

Pierre Bonnard - aus dem Kreis der Nabis souverän hervorgegangen - hat im Jahre 1900 mit seinen Rötel-Lithographien zu Verlaine's Gedichtband «Parallèlement» einen der stärksten Impulse für die Buchillustration des 20. Jahrhunderts gegeben und mit ihm der Kunsthändler Ambroise Vollard, der damit erstmals als Verleger hervortrat. Das epochemachend Neue der Seitenkomposition ist das Zusammenspiel der Illustrationen mit dem Satzspiegel, die nicht nur allseitig umfangen, sondern oft auch überschneiden. Beim Betrachten ist einem zu Mute, als habe man das Handexemplar des Künstlers vor Augen, das er ganz ungezwungen nur für sich selbst mit Randeinfällen schmückte. Was Toulouse in der «Yvette Guilbert» begann, Denis forderte und Bonnard hier verwirklichte, strahlte aus in Dufy's sprudelnden Radierungen zu «La Belle Enfant» (Vollard, 1930), zu Picassos aphoristischen Remarquen bei der Niederschrift der Gedichte Gongora's (1948) und bis hin zu Miró's poetischen Farbholzschnitten für Eluard's «A toute épreuve» (1958).

Das was schon Gauguin den suggestiven Dekor genannt hatte, wurde ausschlaggebend nicht allein für die «Wende der Buchkunst», sondern für das Lebensstil einer ganzen Generation: den «Jugendstil». Schrittmacher und Sammelpunkte das «Art nouveau» waren mit Originalgraphik ausgestattete Zeitschriften wie «Revue blanche» «The Studio», «Pan», «Ver Sacrum», «Die Insel» und die in Deutschland Namen gebende «Jugend». Nährboden für eine das dekorative Element verabsolutierende Jugendstil-Bewegung wie in England und Deutschland war in Frankreich nicht vorhanden. Auch Maurice Denis fand keine Nachfolge; allenfalls Auguste Lepère ist ihm in der echten handwerklichen Gesinnung nahegekommen.

Bonnard hat die in Verlaine's «Parallèlement» vorgeführte malerische Mise en page nicht fortgesetzt; für einen antiken Text

comme serait le jour sans ton souvenir

la soie grège des cuscutes

qui au piège prennent le dos du site

de la manière très complète du désespoir

des ceibas monstrueux seuls auxquels

dès maintenant je ressemblerais dépouillé des feuilles

de mon amour

je divague entre houle et javelles que fait tumultueuse

la parole des albizzias

il y a en face de moi un paysan extraordinaire

ce que chante le paysan c'est une histoire

de coupeur de cannes

table du diable

savane pétrifiée

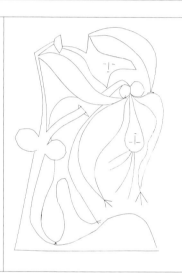

Wie sehr aber auch dem Routinier Jan Tschichold der gestalterische Prozeß zu schaffen machen konnte, mag eine Arbeit beweisen: der Haupttitel, der als Band 8 der Sammlung Birkhäuser Basel 1945 erschienenen Ausgabe von Henry Fielding, *Das Leben des Mr. Jonathan Wild, des Großen*. Die Arbeit stammt aus Jan Tschicholds schöpferischer Basler Zeit, was auch den Einsatz erklären mag, den er diesem Bändchen angedeihen ließ. Allerdings kann jedes einzelne Bändchen jener Rappenbibliothek* als ein typographisches chef-d'œuvre bezeichnet werden; alle zeugen sie noch heute ebenso vom feinen Empfinden ihres Erstellers für typographische Finessen wie vom Ringen um den Text angemessene, endgültige Form.

Der Läuterungsprozeß, der diesem Titel innewohnt, ist an den verschiedenen Stadien seiner Entstehung unschwer abzulesen: die ursprüngliche Idee der Verwendung der Antiqua in Gemeinen und Versalien ist nach wie vor geblieben, neu ist hingegen die Umkehrung der Schriftarten in den einzelnen Zeilen wie die Veränderung der Abstufung der Grade, wodurch die

* Die Sammlung Birkhäuser wurde seinerzeit so angekündigt: »Diese neue Sammlung, die in sorgfältigster Ausstattung im Taschenformat erscheint, bringt bedeutende Einzelwerke der klassischen Literatur aller Völker und Zeiten. Jede Seite ist geheftet und kostet einen Rappen, ein Heft mit 53 Seiten also 53 Rappen, ein Heft mit 160 Seiten Fr. 1.60. Der Preis der gebundenen Ausgaben (biegsame Ballonleinen-Bände) ist um Fr. 1.50 höher.«

Prägnanz des Ausdrucks erhöht wird. Verfolgen wir den Werdegang der Arbeit etwas genauer:

Die abgebildete, im englischen Stil des 17. Jahrhunderts gehaltene Satzskizze (1) stellt bereits die vierte Fassung dar; nach dieser wurde der erste Abzug (2) mit der Hauptzeile »Mr. Jonathan Wild« aus den Gemeinen der 20 Punkt Janson-Antiqua gemacht, die an sich vorzüglich zur Monotype Van Dijck der übrigen Zeilen paßt. Der nach Tschicholds Korrekturen ausgeführte Abzug (3) zeigt die vorher zu schmale Hauptzeile nun aus den Versalien der 14 Punkt Janson-Antiqua. Das ruhige, sich an eine Fassung der Satzskizzen anlehnende Satzbild wirkt beinahe etwas langweilig, weshalb Tschichold die weniger wichtigen Zeilen des Haupttitels, ebenso wie das r von Mr. aus Gemeinen setzen läßt (4). Die drei Hauptzeilen geraten dadurch aber entschieden zu klein gegenüber Autorund Verlagszeile, weshalb sich Tschichold zum größeren Grad für die zweite bis vierte Zeile entschließt; neu dabei ist, daß Tschichold der Satzregel zum Trotz sich die Freiheit nimmt, das zum Namen Jonathan Wild gehörende Mr. in die obere Zeile zu nehmen. Auch das nicht schöne ß der Janson wird ausgemerzt und durch ein langes ſ und ein rundes s ersetzt (ſs). Der neue Abzug (5) zeigt die erreichte wesentliche Veränderung: der Haupttitel in voller Kraft bedarf jetzt eigentlich nur noch kleiner Raumkorrekturen. Im folder untere etwa doppelt so breit wie der obere. Das führt zum Verhältnis von 2:3:4:6, oder, will man die Seite besser nützen, zu einem von 2:3:4:5.

Zeilenlänge, Zeilenabstand und Zeilenzahl sind die Grundbausteine einer Seite. Zusammen mit der Schriftgröße bilden sie das Gerüst zum Aufbau des ganzen Buches.

War früher die zweispaltige Seite häufiger als die einspaltige, da die Bücher größer waren, so änderte sich das, als die Bücher kleiner wurden. Heute finden wir mehrspaltigen Satz vor allem bei Bibelausgaben, Broschüren, Zeitschriften und Zeitungen.

Die Zahl der Spalten ist vom Format der Seite abhängig. Daß wir mehrspaltigen Satz anwenden, liegt hauptsächlich in der Erkenntnis, daß zu lange Zeilen schlecht lesbar sind. Das gleiche gilt für zu kurze Zeilen, wie wir sie vor allem in Zeitungen häufig antreffen. Die Anzahl der Spalten hat hier auch mehr Orientierungscharakter. Sie signalisiert dem Leser den Sport-, Wirtschafts- oder Fernsehteil.

Mehrspaltiger Satz hat drei Punkte zu beachten: die Zeilenlänge, den Zeilenabstand und den Spaltenabstand. Die Zeile wird formbedingt selten die bequeme Länge einspaltiger Texte erreichen. Empfehlenswert wäre hier deshalb auf den Blocksatz zugunsten des Rauhsatzes zu verzichten, damit ein normaler Wortabstand beibehalten werden kann. Ist dieser nämlich garantiert, kann auch der Zeilenabstand wie gewöhnlich festgelegt werden.

Vom Abstand der Zeilen ist wiederum der Raum zwischen den Spalten abhängig. Um dem Leser das Erfassen der Seite zu erleichtern, muß diese zunächst in Spalten und die Spalte dann erst in Zeilen gegliedert erscheinen.

Je nach Art und Gliederung kann ein Buch Überschriften unterschiedlichen Ranges aufweisen. Sie werden von der unbedeutendsten Zeile ausgehend nach oben gesteigert, wobei wir mehrere Möglichkeiten besitzen, diese Steigerung auszudrücken. So kann die untere Zeile in normaler Schrift, die nächst wichtigere in Kursiv, die übernächste in Kapitälchen und schließlich die wichtigste in Versalien gesetzt werden. Dabei genügt jeweils die Größe, die der normale Text aufweist.

Fußnoten, vor allem bei schwiergen Texten üblich, besitzen Auskunftscharakter und stehen in Konsultationsgröße am Fuß der Seite. Ihr Umfang sollte zwei Drittel des übrigen Textes nicht überschreiten. Als Notenzeichen waren einmal Sterne gebräuchlich. Man verwendet sie heute nur noch, wenn je Seite nicht mehr als eine Note vorkommt. Allgemein ist man hier zu hochstehenden Bruchziffern übergegangen, wobei in der Note selbst normale Ziffern versetzt werden. Klammern hinter den Notenzeichen sind nicht mehr üblich.

Ob man im Notentext Stern oder Ziffern freistellt, einrückt oder bündig abschließen läßt, hängt vom verfügbaren Raum ab. Für den Leser ist zweifellos das freistehende Zeichen das bequemste. Falls der Abstand vom normalen zum Notentext zu gering ist, kann eine durchgehende oder eine etwa 16 mm lange nach links gerückte Linie klären helfen. Wichtig ist, daß von den gebotenen Möglichkeiten immer nur eine im gesamten Buch angewendet wird.

Randbemerkungen oder Marginalien sind in Büchern seltener. Hier handelt es sich um Stichworte, die in Konsultationsgröße gesetzt in Linie mit der Zeile stehen, in der ihre Begriffserläuterung beginnt. Normal sind sie zum Text hin angeordnet, also auf linken Seiten nach rechts und auf rechten Seiten nach links. Zugunsten der Marginalien wird der Rand im gesamten Buch etwas breiter gehalten, als er sonst ist. Randbemerkungen stellen einen Hinweis dar. Zusammen mit einem ausführlichen Sachregister machen sie aus Sach-, Fach- und Geschichtsbüchern ein kleines Nachschlagewerk, da sie zu einer raschen Begriffserklärung beitragen.

Das Initial, der größere oder verzierte Anfangsbuchstabe eines Kapitels, erfreut sich wieder zunehmender Beliebtheit. Ist das Initial nicht eine ausgefüllte Fläche, die sich in den Satz quadratisch oder rechteckig einfügt, so soll es optisch die obere und seitliche Begrenzung so schneiden, daß es von der Fluchtlinie beider Seiten getragen wird. Vor allem die folgenden Buchstaben, die zum Initial gehören, müssen an dieses anschließend gesetzt werden.

Die Kapitelschlußseite, heute noch als Spitzkolumne bezeichnet, da sie früher spitz auslaufend gestaltet war, wird unansehnlich, wenn sie mit weniger als einem Drittel des sonst üblichen Textes gefüllt ist.

Vignetten, die gelegentlich wieder in Mode sind und den verbleibenden Raum einer Seite beleben, haben nur einen Sinn, wenn sie stilistisch und inhaltlich zum Text passen. Eine Seite hat weniger durch Dekor als vielmehr durch eine gute Flächenaufteilung zu wirken.

5.1.4 Vom Charakter der Seite zum Charakter des Buches

Nicht nur, weil das Seitenformat im Buchformat wiederkehrt, ist ein innerer Zusammenhalt des Buches garantiert, sondern weil der stilistische Aufbau bis auf den Einband fortwirken muß. Eine gleiche Schrift, eine verwandte Gliederung, die durchgehend kompakte oder lockere Anordnung, die schmalen oder breiten Seitenränder, all die sich wiederholenden optischen Signale führen zur Einheitlichkeit des Aussehens. Hier ist die Seite wiederum der Baustein, dessen Maße im kleinen vervielfältigt das Gebäude im großen ergeben.

Ist die Seite Flattersatz linksbündig, sollten alle übrigen Teile linksbündig sein. Ein Text in Blocksatz hingegen erlaubt Überschriften und Titel auch auf Mittelachse.

Zerlegt man ein Buch, erhält man zunächst Einband und Buchblock. Der Buchblock kann je nach Papierstärke oder Seitengröße zu Achter- oder Sechzehnereinheiten zusammengefaßt sein. Der erste Bogen enthält die Titelei, all jene Seiten, die dem Text vorangestellt sind. Hier doppelt aufgeführte Seiten geben Alternativen an.

Seite	Bezeichnung	Inhalt
1	Schmutztitel	Verlagssignet
1	Schmutztitel	Verfasser und Titel des Buches
2	leer (vakat)	
2	Frontispiz	Abbildung
3	Buchtitel	Verfasser, Titel und Verlag
4	Druckvermerk (Impressum)	Verlags- und drucktechnische Angaben: Copyright, ISBN, Erscheinungsjahr, Auflage, verwendete Schrift, Firmen, die an der Herstellung beteiligt waren und so weiter.
5	Widmung (Dedikation)	Widmungstext
6	leer (vakat)	
7	Inhaltsverzeichnis	Überschriften mit Seitenzahl
8	Inhaltsverzeichnis	
7	Vorwort	Text
9	Buchbeginn	Erstes Kapitel

Der Text der Titelei, mit Ausnahme der Titelseite und des Druckvermerks, hat die Größe des Buchtextes. Das Inhaltsverzeichnis kann am Buchanfang wie am Ende plaziert sein. Ein Vorwort wird dann nicht im Inhaltsverzeichnis erscheinen, wenn es vor diesem steht.
    Innerhalb der Titelseite sollte eine Zeile (in der Regel die Verlagsangabe) die Größe des Buchtextes haben. Der Druckvermerk ist Konsultationstext.
    Der Titelei folgt der Textteil. Ihm kann sich ein Anhang aus Sachregister, Quellennachweis und Literaturverzeichnis anschließen. Sie sind in Konsultationsgröße gesetzt, das Sachregister mehrspaltig.
    Der Einband hat die Aufgabe, zu schützen und zu informieren. Dabei ist der Rücken der wichtigste Teil. Im Regal ist er das einzig Sichtbare des Buches. Ist er entsprechend breit, kann der Text auf ihm von links nach rechts lesbar sein. Andernfalls muß die Zeile gestürzt werden, wobei die meisten Verlage der Bundesrepublik den Text von unten nach oben laufen lassen. Wichtig sind Verfasser und Titel. Der Verlag weist sich häufig mit dem Signet aus. Gehören zum Buch noch weitere Bände, so muß auf dem Rücken zu erkennen sein, um welchen Band es sich beim vorliegenden Buch handelt.

Die Einbandvorderseite kann Verfasser, Titel und Verlag nennen. Eine Regel gibt es nicht. So wird verschiedentlich auch mit Ornamenten gearbeitet, oder die Seite wird so belassen wie sie ist, so daß allein das Einbandmaterial wirkt.

Die Einbandgestaltung wird natürlich auf das Material Rücksicht nehmen. Papp- und Kunststoffeinband werden bedruckt, während Leinen und Leder geprägt werden. Zum Druck können alle Schriften verwendet werden, während man zum Prägen zu fette und zu dünne vermeidet. Die einen, weil die Buchstabeninnenräume leicht zugehen, die anderen, weil man Mühe hat, die dünnen Striche sauber zu prägen.

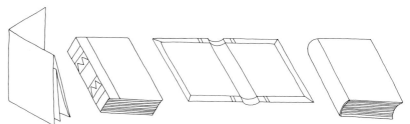

Die Bestandteile eines Buches: der Bogen, der Buchblock und die Buchdecke

Die Qualität eines Buches hängt natürlich auch vom Papier ab. Die Farbe sollte nicht weiß und das Papier nicht glatt sein. Weiße und glänzende Papiere sind nur zu vertreten, wenn Rasterbilder verdruckt werden. Ansonsten tut ein Schuß Grau oder Chamois dem Auge sehr wohl. Bei reiner Schrift- oder Strichwiedergabe empfiehlt es sich sogar, rauhes Papier zu verwenden. Es bricht den Reflex etwas, blendet den Leser bei elektrischem Licht also nicht so stark.

Es ist einleuchtend, daß ein Buch billiger wird, je weniger Papier verdruckt werden muß. Jedes Buch aber hat seinen Preis. Taschenbücher haben häufig zu geringen Zeilenabstand und zu schmale Ränder. Bildbände und Kinderbücher wiederum rechtfertigen ihre Größe durch Bilder. Von ihnen wird auch Handlichkeit nicht verlangt, da sie auf dem Tisch oder Boden flach aufgeschlagen liegen. Das Lexikon steht im Regal und wird nur kurz nachgeschlagen, so daß sein Gewicht keine Rolle spielt. Anders verhält es sich bei Schulbüchern, die immer noch zu schwer sind, da ihre Benützer sie täglich zweimal durch die Gegend zu tragen haben.

Im Buchhandel werden heute oft noch die alten Bogenformate genannt. Die Größe sagt nur indirekt etwas über das Bogenmaß aus, indem sie angibt, wieviel Blatt ein Bogen nach dem Falzen besitzt.

Buchhöhe	Format	gefalzt	Blatt	Seiten
− 15 cm	16° Sedez Sechzehntelbogen	4 x	16	32
− 25 cm	8° Oktav Achtelbogen	3 x	8	16
− 35 cm	4° Quart Viertelbogen	2 x	4	8
− 45 cm	2° Folio Halbbogen	1 x	2	4
über 45 cm	Gr. 2° Großfolio Halbbogen	1 x	2	4

5.2   Verwalten

Die Verwaltungstypografie befaßt sich überwiegend mit Vordrucken. Dazu zählen Karteikarten, Formulare und Tabellen. Ihr Aufbau gliedert sich zunächst von oben nach unten (vertikal) und dann erst von links nach rechts (horizontal). Wenn wir hier die Geschäftsausstattung mit einreihen, so deshalb, weil auch sie zum großen Teil aus Vordrucken besteht und vor allem durch die DIN-Norm eine verwaltungstechnische Vereinfachung erfährt.

Dieses Formular erhält seinen Eintrag durch den Schnelldrucker des Computers

Bayerische
Rück
Fak Bewegung

Feld	Nr.	Feld	Nr.
Brutto-Ges.	01	Vers.-Periode Beg.	23
Retro-Ges.	02	V.-Periode Ende	24
Risiko-Nr.	03	Fälligkeit	25
Branche	04		
KZ	05	Aufg.-Nr.	26
PC	06		
		Prämie ‰	27
Änderg.-Grund	07	Prämie Betrag	28
Änderg.-Datum	08	Prämie Bonität	29
Verrechn.-Karte	09	Provision	30
		Steuern	31
Retro-Bordero	10	Verm.-Gebühr	32
Info.-Ges.	13	Währung	33
Vers.-Nehmer	14	VS-Total in Tsd.	34
Vers.-Ort	15	VS-Zedent in Tsd.	35
Top Location	16	BR-Written %	36
Land	17	BR-Signed %	37
Zusatzgefahren	18	MPL-Zedent %	38
Gedeckte Sachen	19	MPL-BR %	39
Deckungsart	20		
Stat. Konto	21	Kumulz. Neu	40
Betriebsart	22		
		Standart-Info.	41
		Freie Info. 1	42
		Freie Info. 2	43
		Freie Info. 3	44

5.2.1   Der Text

Wie der Begriff ›Vordruck‹ zu erkennen gibt, ist das eigentlich Entscheidende der Verwaltungstypografie der Eintrag. Die Schrift ist hier Orientierungsmittel und hat damit mehr eine Hilfsfunktion. Sie zeigt, wo der Eintrag zu stehen hat und welchen Inhaltes er ist. Wichtig ist eine gewisse Reihenfolge. Und wie bei jedem ›Reihensatz‹ wird erst gesucht und dann gelesen.

Im Hinblick auf die Schrift stellen sich zwei Fragen: Welcher Charakter ist üblich und in welcher Größe? Da solche Drucksachen selten alleine stehen, sondern häufig in ein Firmenimage eingebunden sind, wird man bei der Schriftwahl auf das schon Vorhandene zurückgreifen. Tabellen in Zeitschriften oder Büchern zum Beispiel werden den Schriftcharakter des Journals oder Buches aufnehmen. Sind keinerlei Vorgaben zu beachten, ist eine Renaissance- oder Barock-Antiqua der guten Lesbarkeit wegen anderen Charakteren vorzuziehen.

Die Größe der Schrift ist zunächst vom Platz abhängig, dann von der Art, wie die Vordrucke gehandhabt werden. Der Eintrag erfolgt in der Regel in Lese-Entfernung. Man wird also zwischen Konsultationsgröße (2,25 bis 3,375 mm beziehungsweise 6 bis 9 p) und Lesegröße (3,375 bis 4,5 mm beziehungsweise 9 bis 12 p) wählen.

Bei umfangreichen Tabellentexten geht man gelegentlich im Tabellenkopf dazu über, die Zeilen zu stürzen, sie von unten nach oben laufen zu lassen. Ist die Tabelle Bestandteil eines Buches, wird sie mitunter kleiner als der Grundtext gesetzt.

Umfangreicher Text und schmale Kolonnen machen es nötig, Zeilen zu stürzen

Rehabilitationsträger	Jahr	Betriebe, Betriebliche Anlernumschulung			Berufsförderungswerke			Sonstige überbetriebliche Einrichtungen		
		6–12 Monate	12–18 Monate	13 Monate und mehr	6–12 Monate	12–18 Monate	18 Monate und mehr	5–12 Monate	12–18 Monate	18 Monate und mehr
Rentenversicherung	1976	775	674	496	290	1 110	7 188	638	1 570	4 475
	1973	860	458	867	243	651	5 089	1 097	2 008	6 624
Unfallversicherung	1976	430	190	170	36	190	572	140	161	489
	1973	166	75	117	20	220	513	257	310	599

Wo der Text waagerecht bleiben kann, soll er waagerecht bleiben

Rehabilitationsträger	Betriebe, Betriebliche Anlernumschulung		Berufsförderungswerke		Sonstige überbetriebliche Einrichtungen	
	1976	1973	1976	1973	1976	1973
Rentenversicherung	1 945	2 185	8 588	5 983	6 683	9 729
Unfallversicherung	790	358	798	753	790	1 166

5.2.2   Die Linie

Sinn und Zweck einer Linie kann es sein, etwas zusammenzufassen oder auseinanderzuhalten, zu betonen, zu strukturieren, abzugrenzen oder dem Schreiber Hilfestellung zu bieten. Zwei Kriterien sind vor allen anderen zu beachten: die Stärke der Linie und ihre Länge.

Die Stärke hat sehr viel mit dem Duktus der Schrift zu tun. Eine stärkere Linie ist zunächst eine wichtigere Linie, wie ein stärkeres Wort ein wichtigeres ist. Unterschiedlich starke Linien grenzen unterschiedlich stark ab oder fassen unterschiedlich stark zusammen.

Jede Linie ist ein Hilfsmittel. Das Hilfsmittel kann nicht wichtiger sein, als das, was es zu unterstützen hat. Das heißt, die Linien sollen immer ein wenig hinter der Schrift zurückbleiben, im Duktus also schwächer sein. Die Daten erscheinen somit funktionsrichtig stärker als das Hilfsnetz.

Ist die mitversetzte Schrift eine Serifenlose, so können auch die Linien insgesamt in einer einheitlichen Stärke sein. Basiert der Schriftcharakter auf einem unterschiedlichen Duktus, wie bei Renaissance-, Barock- oder Klassizistischen Schriften, dann dürfen auch die Linien je nach Rang und Wichtigkeit diesen Duktus nachzeichnen. Jedes Hilfsmittel wird natürlich fragwürdig, wenn es mehr verwirrt als klärt. Das heißt, daß wir in der Regel mit zweierlei Linienstärken zurechtkommen sollten.

Die Linienlänge bemißt sich nach dem zu erwartenden Umfang des Eintrages oder, wie bei Tabellen, nach der Größe des abzugrenzenden Feldes. Bei Karteikarten und Formularen werden durch die Linie der Stand und die Länge des Eintrages mit vorgegeben. Bei Tabellen hingegen besitzen Linien eine gliedernde und klärende Funktion. Das besagt, daß bei genügend Abstand zwischen den Daten auf Linien verzichtet werden kann. Nicht also bei zu viel freiem Raum, sondern bei zu wenig werden sie hier benötigt.

1 Kopflinie
2 Kopfunterteilungslinie
3 Kopfabschluß-
   oder Halslinie
4 Querlinie
5 Fußlinie
6 Randlinie
7 Kopflängslinie
8 Kolonnen-
   Unterteilungslinie
9 Längslinie

Formulartabelle für Handeintrag. Daneben Formular für Schreibmaschineneintrag

Das Diagramm ist eine Tabelle, die mehr zum Schauen als zum Lesen gedacht ist

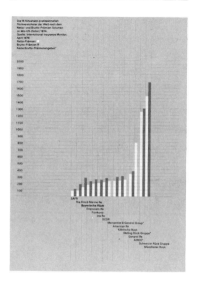

Tabellen in Katalogen, Broschüren und Büchern enthalten gedruckte Angaben

Je sparsamer Linien angewendet werden, desto stärker kommen diese zur Geltung. In den meisten Fällen erübrigt es sich, die Tabelle seitlich durch Randlinien abzuschließen. So sehr die Linie eine gliedernde Funktion ausübt, so wenig kann sie vermeiden, daß sie dadurch auch stilistisch mitwirkt. Eine Tabelle ohne Linien unterscheidet sich gestalterisch sehr stark von einer mit Querlinien, wie diese sich wieder völlig anders gegenüber einer Tabelle mit senkrechten Linien darstellt. Entscheidend, welche der drei Arten angewendet wird, ist das Gesamtkonzept der Arbeit, in welches die Tabelle einzuordnen ist.

Jahr	Land		Bund	
	absolute Zahl	je 1000	absolute Zahl	je 1000
1967	176 362	17,2	1 019 459	17,0
1968	168 403	16,3	969 825	16,1
1969	158 394	15,1	903 456	14,8
1970	143 656	13,7	810 808	13,4
1971	137 465	12,9	778 526	12,7
1972	125 110	11,7	701 214	11,3
1973	114 658	10,6	635 634	10,3

Jahr	Land		Bund	
	absolute Zahl	je 1000	absolute Zahl	je 1000
1967	176 362	17,2	1 019 459	17,0
1968	168 403	16,3	969 825	16,1
1969	158 394	15,1	903 456	14,8
1970	143 656	13,7	810 808	13,4
1971	137 465	12,9	778 526	12,7
1972	125 110	11,7	701 214	11,3
1973	114 658	10,6	635 634	10,3

Jahr	Land		Bund	
	absolute Zahl	je 1000	absolute Zahl	je 1000
1967	176 362	17,2	1 019 459	17,0
1968	168 403	16,3	969 825	16,1
1969	158 394	15,1	903 456	14,8
1970	143 656	13,7	810 808	13,4
1971	137 465	12,9	778 526	12,7
1972	125 110	11,7	701 214	11,3
1973	114 658	10,6	635 634	10,3

Kabelkanaleinführungsplatten aus
bewehrtem PUR-Integralschaum

Kabelschachtgrößen			Kabelkanaleinführungsplatten Plattendicke bei allen Größen 0,10 m				Montagezubehör		
							Rundschnurdichtung für KSch-Typ		Schraubensatz M16
							75 K1 75 K2	75 L2 und Sondergröße	
Länge m	Breite m	Tiefe m	Größe Typ	Breite m	Höhe m	Masse kg	Länge m	Länge m	Anzahl Stück
2,50	1,20	1,80 2,10	3 A	0,98	1,10	40	–	3,00	
	1,50	1,80 2,10	4 A	1,26	1,10	51	3,68	3,30	
3,90	1,20	1,80 2,10	3 B	0,98	1,10	40	–	3,00	10
	1,50	1,80 2,10	4 B	1,26	1,10	51	3,68	3,30	
5,00	1,20	1,80 2,10	3 B	0,98	1,10	40	–	3,00	
	1,50	1,80 2,10	5 A 5 B	1,26	1,38	66	–	3,95	12
	1,80	1,80 2,10	6 A 6 B	1,54	1,38	80	–	4,15	
6,10	1,20	1,80 2,10	3 B	0,98	1,10	40	–	3,00	10
	1,50	1,80 2,10	5 C	1,26	1,38	66	–	3,95	12
	2,00	1,80 2,10	7 A	1,82	1,38	103	–	4,35	
7,20	1,20	1,80 2,10	3 B	0,98	1,10	40	–	3,00	10
	1,50	1,80 2,10	5 C	1,26	1,38	66	–	3,95	12
	1,80	2,10	6 C	1,54	1,38	80	–	4,15	
	2,20	2,10 2,40 2,70 3,00	8 A 8 B 8 C	1,82	1,66	134	–	5,00	14

Die Übersichtlichkeit einer Tabelle hängt von mehreren Faktoren ab. Eine konsequente Durchgestaltung setzt die Durchdringung des Textes voraus. Nicht allein die Abgrenzung durch Linien schafft die Übersicht, ebenso entscheidend ist die Aufteilung der Fläche oder des Raumes. Die Betonung einer Spalte kann durch eine stärkere Schrift ebenso erfolgen wie durch eine stärkere Linie. Die dritte Möglichkeit ist der größere Abstand, die breitere Kolonne.

Was zur Breiteneinteilung gesagt wurde, gilt auch für die Höheneinteilung. Auch dort kann durch Schrift- oder Linienstärke ebenso wie durch die Fläche gegliedert werden.

5.2.3   Der Raum

Die Verwaltungstypografie ist in erster Linie die Typografie des freien Raumes und der leeren Stellen. Sie zu füllen, wird in der Regel anderen übertragen. Sie lösen diese Aufgabe entweder mit der Hand, mit der Schreibmaschine oder dem Schnelldrucker.

Der Handeintrag verursacht die geringsten Probleme. Die Hilfslinien für den Schreiber sollten lediglich so viel freien Platz garantieren, daß der Eintrag bequem ausgeführt werden kann. Es nützt wenig, wenn für die Telefon-Nummer das Doppelte des benötigten Raumes verfügbar ist, während beim Ortseintrag die Hälfte fehlt. Der Linienabstand (senkrecht) wird mit 6 mm (16 p), 7,5 mm (20 p) oder 9 mm (24 p), je nach vorhandenem Platz, ausreichen.

Abstand 6 mm (16 p)	Name	Vorname
	Straße	PLZ Ort

Abstand 7,5 mm (20 p)	Name	Vorname
	Straße	PLZ Ort

Abstand 9 mm (24 p)	Name	Vorname
	Straße	PLZ Ort

Bei normalen Schreibmaschinen kann in der Regel zwischen zwei Schriftgrößen gewählt werden. Perl, die kleinere davon, hat einen Schreibschritt (waagerecht) von 2,3 mm (etwa 6 p), Pica, die häufigere von beiden, einen von 2,6 mm (etwa 7 p). Beide besitzen drei Zeilenschaltungen (senkrecht), die in den Maßen übereinstimmen. Bei der kleinsten Schaltung (einzeilig) beträgt der Abstand von Schreiblinie zu Schreiblinie 4,25 mm (11 bis 12 p). Die zweite Stufe (eineinhalbzeilig) mit einer halben Leerzeile verlangt 6,33 mm (17 p) und die dritte (zweizeilig) mit einer ganzen Leerzeile 8,5 mm (22 p). Trotz dieser Maße empfiehlt es sich, auf der in Frage kommenden Maschine mehrere Zeilen im gewohnten Abstand tippen zu lassen und die Linien danach auszurichten.

Der Eintrag mit dem Schnelldrucker einer elektronischen Datenverarbeitungsanlage verlangt Formulare in Zolleinteilung. Sie müssen auf Schreibstellen genau vorgezeichnet sein. Dazu wird kariertes Papier, ähnlich unserem Millimeterpapier, verwendet. Die Schreibschritte (waagerecht) betragen hier $^1/_{10}$ Zoll (2,54 mm), der Zeilenabstand (senkrecht) mißt $^1/_6$ Zoll (4,23 mm).

		Pica	Perl

Schreibmaschine
Schreibschritte
Pica 2,6 mm
Perl 2,3 mm

              Um das maschinensch   Um das maschinenschriftl

Abstand 1fach
1 Zeile
4,25 mm

    Um das maschinensch   Um das maschinenschriftl
    Ausfüllen von Vordr   von Vordrucken im Geschä
    erleichtern und zu   und Behörden-Schriftverk

Abstand 1½fach
1 Zeile
+ ½ Leerzeile
6,375 mm

    Um das maschinensch   Um das maschinenschriftl
    Ausfüllen von Vordr   von Vordrucken im Geschä
    erleichtern und zu   und Behörden-Schriftverk

Abstand 2fach
1 Zeile
+ 1 Leerzeile
8,5 mm

    Um das maschinensch   Um das maschinenschriftl
    Ausfüllen von Vordr   von Vordrucken im Geschä
    erleichtern und zu   und Behörden-Schriftverk

Computer
Schreibschritte
1/10 Zoll
2,54 mm

    Buchstabenbreite bei Computerschriften

Computer
Schreiblinien
Höhe 1/6 Zoll
Abstand 1/6 Zoll
4,23 mm

5.2.4 Die Maße

Der Typograf hat bislang mit zwei Systemen gearbeitet: dem metrischen und dem typografischen. Das typografische stützte sich auf das alte französische Fußmaß und zählte zu den Zwölfersystemen. Dieses sogenannte Didot-System (nach seinem Urheber Pierre Didot) ist heute noch in Gebrauch. Zwar hat der Gesetzgeber verfügt, daß im gesamten grafischen Bereich nur noch das metrische System gültig ist, doch hat sich dieses Gesetz wegen der zahlreichen ausländischen Setzmaschinenhersteller bis heute nicht durchführen lassen. So stellen sich dem Typografen auf dem Gebiet der Verwaltung mehrere Systeme, je nachdem, welchen Auftrag er bearbeitet.

Das metrische System gilt generell für alle Papierabmessungen. Die Schrift- und Satzgrößen werden sowohl in Didot-Punkten wie in Millimetern benannt. Dabei kann es vorkommen, daß anstelle der Didot-Punkte das englische Pica-System zu wählen ist. Dieses wird mitunter durch das IBM-Pica-System ersetzt. Derlei Probleme sind jedoch innerbetriebliche Angelegenheiten, von denen der Kunde unberührt bleibt. Sie lassen lediglich eine Situation erkennen, von der die grafische Industrie sehr stark beeinflußt wird.

Ein wesentlicher Punkt der Verwaltungstypografie ist die Herstellung von Endlosformularen. Hier tritt ein fünftes, nämlich das Zollsystem hinzu. Da es sich beim Endlosdruck aber um ein Spezialgebiet handelt, empfiehlt es sich, die Gestaltung solcher Formulare in enger Anlehnung mit dem jeweils in Frage kommenden Betrieb vorzunehmen. Siehe auch die Maßtabelle im Anhang.

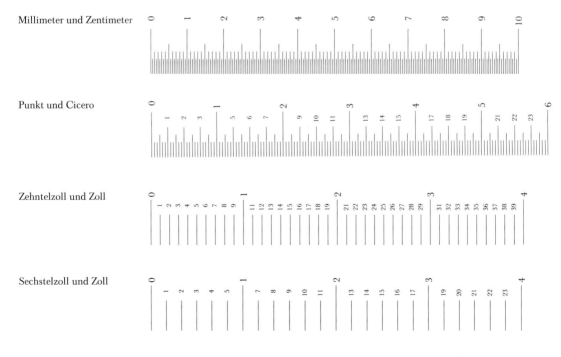

Millimeter und Zentimeter

Punkt und Cicero

Zehntelzoll und Zoll

Sechstelzoll und Zoll

5.2.5 Die Norm

Sinn der Norm ist es, durch die Vereinheitlichung bestimmter Drucksachen gewisse Arbeitsgänge zu vereinfachen oder einzusparen. Diese Einheitlichkeit ist in einer Anzahl von Punkten festgelegt. Sie betreffen teilweise den Absender, teilweise den Übermittler und teilweise den Empfänger. Jedem sind dabei gewisse Räume zugeteilt und durch Marken abgesteckt. Die Marken bestehen aus Punkten oder kurzen dünnen Linien und stehen am oberen oder linken Rand des Blattes.

Den Absender oder Schreiber des Blattes betreffen zunächst fünf Marken. Das Startzeichen (Punkt am linken Rand im oberen Drittel) zeigt ihm, wie weit das Blatt in die Schreibmaschine eingespannt wird, um nach der ersten Zeilenschaltung schreibbereit zu sein. Die Warnmarke (Punkt mit 40 mm Abstand vom Text am Fuße des Blattes) hat die Aufgabe, dem Schreiber anzuzeigen, daß noch Platz für neun Schreibzeilen verfügbar ist. Die Faltmarke oben (Punkt oder Linie 14,8 mm vom linken Rand) zeigt die seitliche Knickstelle des Blattes. Die Faltmarken am linken Rand (Punkt oder Linie 10,5 und 21 mm von oben) geben die Knickstellen für den Zickzackfalz des Blattes wieder.

Dem Übermittler, in unserem Falle der Post, gilt das Absender- und Anschriftenfeld. Beide sind entweder durch Ecken oder Punkte markiert und so angeordnet, daß sie in der Hülle hinter dem Fenster zu liegen kommen.

Sowohl für den Absender wie für die Anschrift gilt, daß zuerst Vor- und Familienname, dann Straße und Hausnummer und zuletzt Postleitzahl (vierstellig) und Ort, eventuell mit Postbezirksnummer genannt werden. Anstelle der Straße und Hausnummer kann das Postfach angegeben sein.

Für den Empfänger wurde am linken Rand auf halber Höhe des Blattes die Lochmarke (Punkt oder Linie) angebracht, damit eine einheitliche Lochung der Blätter garantiert wird. Briefblatt, Bestellschein, Lieferschein und Rechnung sind Papiere, die geschäftliche Abmachungen und damit Rechte und Pflichten bekunden. Aus diesem Grunde müssen sie über einen längeren Zeitraum hinweg aufbewahrt werden. Der Ordner verlangt, daß alle Papiere auf der linken Seite einen 20 mm breiten Heftrand freihalten.

Unterhalb der Anschrift stehen die Bezugszeichen. Vollständig und in der richtigen Reihenfolge lauten sie: Ihr Zeichen, Ihre Nachricht vom; Unser Zeichen, unsere Nachricht vom; Telefon; Ort und Datum.

Alle anderen Angaben wie Adresse, Geschäftszeit, Telex, Telegrammadresse, Btx, Bank, Postgiro befinden sich am Fuß des Blattes. Dort werden ebenfalls Geschäftsführer, Aufsichtsräte wie auch Registernummer und Ort des Registergerichtes vermerkt. Am Kopf des Blattes empfiehlt die Norm nur die Firmenbezeichnung und die Art des Unternehmens.

Rohbogen A	DIN-A-Reihe	DIN-B-Reihe	DIN-C-Reihe
0 860 x 1220 mm	0 841 x 1189 mm	0 1000 x 1414 mm	0 917 x 1297 mm
1 610 x 860 mm	1 594 x 841 mm	1 707 x 1000 mm	1 648 x 917 mm
2 430 x 610 mm	2 420 x 594 mm	2 500 x 707 mm	2 458 x 648 mm
3 305 x 430 mm	3 297 x 420 mm	3 353 x 500 mm	3 324 x 458 mm
4 215 x 305 mm	4 210 x 297 mm	4 250 x 353 mm	4 229 x 324 mm
5 152 x 215 mm	5 148 x 210 mm	5 176 x 250 mm	5 162 x 229 mm
6 107 x 152 mm	6 105 x 148 mm	6 125 x 176 mm	6 114 x 162 mm
7 76 x 107 mm	7 74 x 105 mm	7 88 x 125 mm	7 81 x 114 mm

A-Reihe
für Bogen- und
Blattformate

B-Reihe
für Zusatzformate

C-Reihe
für Hüllen- und
Mappenformate

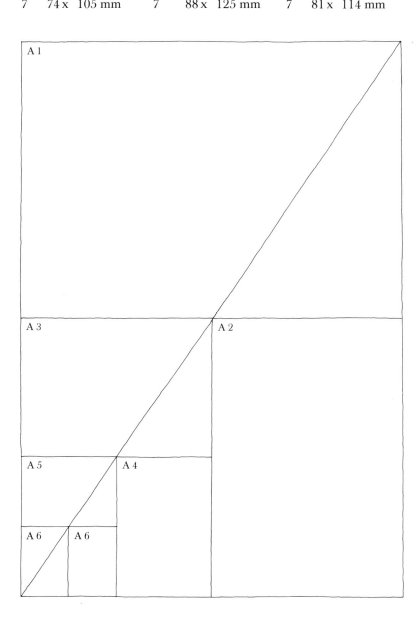

Anstelle der Bezeichnungen können diese Zeichen verwendet werden

☏ Drahtwort (Telegrammadresse)

☎ Fernsprecher (Telefon)

[Tx] Fernschreiber (Telex)

Heft-   Anschriften-   Faltmarke
rand   feld   148 mm
20 mm   85 mm   vom linken Rand

Bis zum
Absenderfeld
45 mm von oben

Absenderfeld
5 mm

Anschriftenfeld
40 mm

Bis zur Faltmarke
105 mm von oben

Bis zur Lochmarke
148 mm von oben

Bis zur Faltmarke
210 mm von oben

Warnmarke 40 mm
vom unteren Papierrand
beziehungsweise
aufgedruckten Text

DIN-C6- und
Langhülle
mit Fenster

Faltschema zu den obigen
Fensterhüllen

Faltschema zur obigen
C5-Hülle

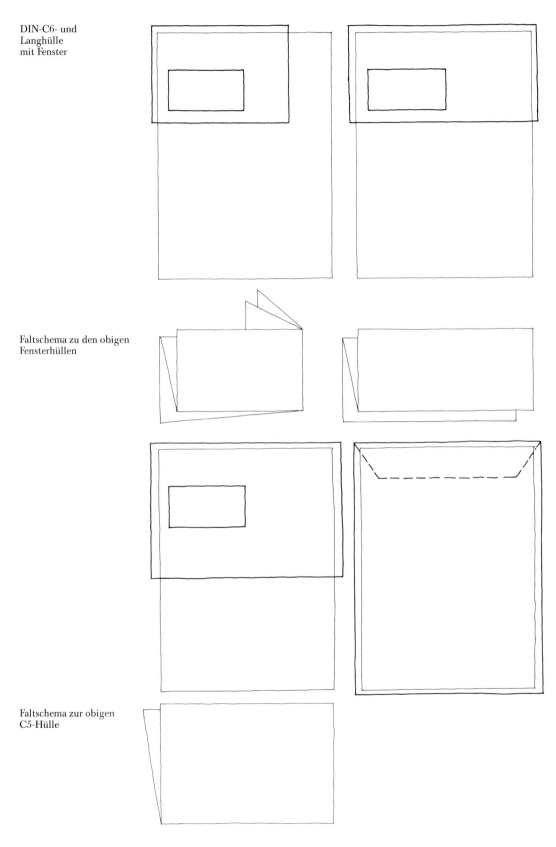

Alle gedruckten Angaben, die mit der Schreibmaschine ergänzt werden, müssen sowohl waagerecht wie auch senkrecht auf Schreibstellen ausgerichtet sein, damit der geschriebene Text mit dem gedruckten korrespondiert.

Anstelle der üblichen Hüllen empfiehlt die Norm Fensterhüllen. Mit ihnen spart man sich die Hüllenanschrift, den Absenderaufdruck und vermeidet, daß man Briefe an den falschen Adressaten verschickt.

Die Geschäftsausstattung ist einer der wirksamsten Träger des Erscheinungsbildes eines Unternehmens. Signet, Schrift und Farbe sind daher auf allen Objekten nach bestimmten Richtlinien angeordnet. Nur eine nach gleichen Regeln wiederkehrende Aufmachung verdichtet sich beim Empfänger zum Image.

Eine Geschäftsausstattung muß nicht zweifarbig gedruckt werden. Für die Information kann es aber von Vorteil sein, wenn der gedruckte Text sich in der Farbe vom geschriebenen abhebt.

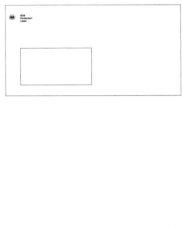

Nach der Norm gestaltetes A4-Briefblatt mit Fenster-Langhülle

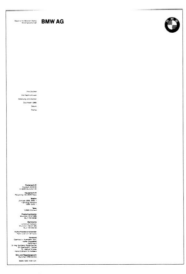
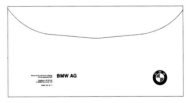

Nicht nach der Norm gestaltetes Briefblatt mit Langhülle. Die Langhülle ist rückseitig bedruckt

5.3 Werten

Die wissenschaftliche Typografie umfaßt im wesentlichen den Formelsatz. Wobei mathematische und physikalische Formeln in ihrem Aufbau ähnlich oder gleich sind, während die chemische Formel sich stark von beiden abhebt. Alle drei aber sind von der Leseweise her nicht linear, sondern in mehreren Ebenen gleichzeitig zu erfassen.

Das griechische Alphabet ist für die mathematisch-physikalische Formel so wichtig wie die lateinische Schrift

A	Alpha	α	N	Ny	ν
B	Beta	β	Ξ	Xi	ξ
Γ	Gamma	γ	O	Omikron	ο
Δ	Delta	δ	Π	Pi	π
E	Epsilon	ε	P	Rho	ρ
Z	Zeta	ζ	Σ	Sigma	σ ς
H	Eta	η	T	Tau	τ
Θ	Theta	ϑ	Y	Ypsilon	υ
I	Jota	ι	Φ	Phi	φ
K	Kappa	ϰ	X	Chi	χ
Λ	Lambda	λ	Ψ	Psi	ψ
M	My	μ	Ω	Omega	ω

5.3.1 Die Zeichen

Im Unterschied zu den alpha-numerischen, also den Laut- und Zahlzeichen, sind die mathematischen, physikalischen und chemischen Zeichen Begriffszeichen. Ihr Inhalt übermittelt je nachdem, ob er mathematisch, physikalisch oder chemisch definiert ist, unter anderem Werte, Bewegungen oder Analysen.

Auch Buchstaben werden im Bereich der Formel vom Laut- zum Mengenwert oder bilden Kürzel für bestimmte Begriffe. Dabei kann der gleiche Buchstabe in der Physik etwas anderes symbolisieren als in der Chemie.

Die gebräuchlichsten variablen Zeichen im mathematisch-physikalischen Formelsatz

Da zur unverwechselbaren Darstellung der verschiedenen Bereiche eine Schriftart alleine nicht ausreicht, benützt die Formelsprache neben einer Antiqua mit Serifen auch deren kursive Form, das griechische Alphabet ebenso wie Fraktur-Schriften, Schreibschriften oder eine Serifenlose Linear-Antiqua. Diese Schriften werden gelegentlich sogar noch durch eine halbfette oder fette Garnitur ergänzt.

Einige mathematische und chemische Zeichen, die man in der Formel-Schriftgröße verwendet

5.3.2   Die Anwendung der Zeichen (mathematisch-physikalisch)

Formeltypografie ist Typografie in mehreren Lese-Ebenen. Gelesen wird nicht in einer Zeile, sondern in zwei, vier oder mehreren gleichzeitig. Die Ebenen sind so darzustellen, daß sie sich eindeutig voneinander unterscheiden und die Buchstaben und Zeichen mühelos einer der Ebenen zugeordnet werden können. Da auch die Ebenen einen Stellenwert besitzen, werden dazu unterschiedlich große Schriften und Zeichen gebraucht. Sie bewegen sich zwischen der Konsultations- und Lesegröße. Ihre Größe verweist gleichzeitig auf die Lesefolge.

Die Formelachse

$$\alpha = \frac{\quad}{\quad} + \frac{\quad}{\quad} \; \frac{\quad}{\quad} - \lambda, \quad \beta = \frac{\quad}{\quad} - \frac{\quad}{\quad} \; \frac{\quad}{\quad} - \lambda$$

Der Aufbau der Formel verläuft von der Mitte aus nach oben und unten. Die Linie des Hauptbruches ist dabei die Achse der Formel. Je weiter sich die Werte von dieser Ebene entfernen, desto kleiner wird die Schrift. Jene Werte, die nicht auf oder unter dem Bruchstrich stehen, sondern in dessen Achse, sind in der Regel 3,75 mm (10 p).

Über der Formelachse $n-1 \quad\quad 1 \quad\quad n-1 \quad\quad\quad\quad n-1 \quad\quad 1 \quad\quad n-1$

Unter der Formelachse $4 \quad\quad\quad 2 \quad\quad\quad 2 \quad\quad\quad\quad\quad 4 \quad\quad\quad 2 \quad\quad\quad 2$

Die Werte über und unter dem Bruchstrich werden manchmal ebenso groß, verschiedentlich aber auch nur 3 mm (8 p). Indizes und Exponenten setzt man in diesem Fall 2,2 mm (6 p).

Variable Zeichen

$$\sqrt{(\quad\quad)} \quad\quad\quad\quad \sqrt{(\quad\quad)}$$

Linien sollten den Bruch nach beiden Seiten etwas überragen. Auch werden generell nur waagerechte Bruchstriche verwendet. Alle Zeichen, die einen Bruch umfassen, wie Parenthese, Integral- oder Summenzeichen, nehmen die Höhe des Bruches ein.

Die gesamte Formel

$$\alpha = \frac{n-1}{4} + \frac{1}{2}\sqrt{\left(\frac{n-1}{2}\right)^2 - \lambda}, \quad \beta = \frac{n-1}{4} - \frac{1}{2}\sqrt{\left(\frac{n-1}{2}\right)^2 - \lambda}$$

Buchstaben werden kursiv, Ziffern gerade gesetzt. Der Abstand zwischen den Werten beträgt in der Regel zwei Punkt.

Trennt man eine Formel, so soll das an der stärksten Fugenstelle, dem Gleichheitszeichen geschehen. Wenn das nicht möglich ist, wird beim Plus- oder Minuszeichen geteilt. Innerhalb einer Klammer sollte man Trennungen vermeiden.

5.3.3 Die Anwendung der Zeichen (chemisch)

Zunächst bestehen die chemischen Symbole aus einem oder höchstens drei Buchstaben. Daneben gibt es Ziffern, Bruchziffern, Pfeile, Wertigkeitszeichen und Operationszeichen.

Einzeilige Summenformel

$C_2 H_5 OH$

Die Buchstaben sind Abkürzungen lateinischer oder griechischer Elementnamen. Ziffern bezeichnen die Zahl der Moleküle, tiefstehende Bruchziffern die der Atome eines Elementes. Pfeile verweisen darauf, nach welcher Richtung sich ein Stoff verändert. Wertigkeitszeichen benennen die Kraft eines Elementes, mit der es andere Elemente bindet. Operationszeichen besitzen den gleichen Wert, den sie in der Mathematik innehaben.

Strukturformel in einzelnen Zeilen und zusammengefügt

```
H   OH
|   |
H—C—C—H              H—C—C—H
|   |                   |   |
H   H                   H   H
```

$$\begin{array}{c} H \quad OH \\ | \quad | \\ H-C-C-H \\ | \quad | \\ H \quad H \end{array}$$

Grundsätzlich unterscheidet man zwischen der Summen- und der Strukturformel, zu der auch die Benzolringe zählen. Die einzeilige Summenformel bereitet im Satz keinerlei Schwierigkeiten. Auch der Aufbau der Strukturformel und Benzolringe ist einfach, wenn man

Auch Benzolringe werden aus Einzelteilen aufgebaut

sich den Musiknotensatz als Vergleich zu Hilfe nimmt. Dort wird ebenso wie im mathematisch-physikalischen Formelbereich in mehreren Ebenen gleichzeitig erfaßt. Der Einstieg in die chemische Formel ist deren längste Zeile, wonach sich alle anderen ausrichten. Die Größe der Schrift und Zeichen bewegt sich im Lesebereich, wird in der Regel 3,75 mm (10 p) nicht überschreiten. Schrift und Ziffern sind geradestehend.

5.4 Werben

Wenn die Lesetypografie überwiegend horizontal, die Verwaltungstypografie überwiegend vertikal, die wissenschaftliche Typografie aber in mehreren Ebenen gegliedert ist, so benützt die Werbetypografie alle Gliederungen, um das Produkt, für das sie wirbt, von verschiedenen Blickpunkten aus darstellen zu können.

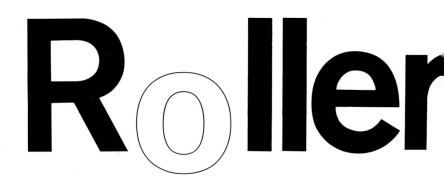

5.4.1 Der Ruftext

Der Ruftext oder die Schlagzeile, die Amerikaner sagen Headline dazu, hat die Aufgabe, den Betrachter zu fesseln, ihn neugierig zu machen. Auffällig plaziert enthält der Text meist eine knappe, witzig oder geistreich formulierte Aussage.

spiel

Seiner Aussage entspricht in der Regel auch sein Aussehen. Dazu verfügt man heute über eine breite Skala von Schriften, die es erlaubt, fast jede Zielgruppe anzusprechen. Manche Schriften spielen dabei sich selbst in den Vordergrund, lassen den Text etwas zurücktreten.

Das hat immer dann seine Berechtigung, wenn der Schriftstil ein Instrument der Orientierung darstellt. So wie der Sprachstil grobe Rückschlüsse auf den Inhalt einer Meldung zuläßt – ein Journalist schreibt anders als ein Poet –, so läßt auch die Schrift Vermutungen über den Inhalt des Geschriebenen zu. Das heißt, ich muß eine Zeile nicht unbedingt gelesen haben, um in etwa zu erraten, worüber sie berichtet.

Solche Einstimmung oder Vorausinformation kann aber in keine Regel gefaßt werden, weil sie sehr viel Gespür und Sensibilität verlangt.

Die Schrift steht hier immer in Schaugröße. Große Schriften sollen in ihrer Laufweite (Buchstabenabstand) enger gehalten werden als kleine. Dabei können sich runde Buchstabenformen fast berühren, bestimmte Formen wie rv oder rw sogar überschneiden. Vor allem bei Schriften mit Serifen und dort überwiegend bei Großbuchstaben sind solche Überschneidungen kaum zu vermeiden.

Auch der Zeilenabstand ist dichter als im normalen Text. Vermeiden sollte man, daß Unter- und Oberlängen sich berühren. Vor allem I-Punkte geraten leicht an die darüberstehende Zeile.

5.4.2 Der Redetext

Der Rede- oder Bodytext enthält die eigentliche Werbeaussage. Sie kann unterhaltsam, kurzweilig und erläuternd sein oder eine sachliche Information darstellen.

Gesetzt wird der Text in einer guten Leseschrift: einer Renaissance-, Barock- oder Klassizistischen Antiqua. Bevorzugt werden Serifenlose und weniger häufig Serifenbetonte Linear-Schriften.

Die Größe richtet sich nach dem Textumfang und dem Papierformat. Man wird aber nicht ohne Not von der Lesegröße (3,375 bis 4,5 mm oder 9 bis 12 p) abweichen.

Die Zeilenform, das heißt, ob Block-, Rauh- oder Flattersatz, hängt in der Regel von der Breite der Textspalten ab. Dabei gibt es vielerlei Gründe, mehrspaltigen Satz anzuwenden. Das kann einmal die Mehrsprachigkeit einer Arbeit sein, ebenso aber auch die größere Beweglichkeit in der Gestaltung. Der Bildaufbau der Seiten kann mehrspaltigen Satz bedingen oder einfach die Erkenntnis, daß solche Seiten lebendiger wirken.

Da in allen Fällen die Spalten meist schmäler als bei einspaltigem Satz sind, kommt Blocksatz selten in Frage. Geht man davon aus, daß im Durchschnitt acht Wortabstände je Zeile ein günstiges Bild ergeben, so werden diese bei kurzen Zeilen nicht erreicht. Es wird also zu häufigen Trennungen kommen, oder aber es wird zu große oder zu enge Zwischenräume geben.

Der Zeilenabstand ist vom Lichtwert der Buchstabeninnenräume (Punzen) abhängig. Er sollte immer ein klein wenig größer als die Wortabstände sein. Schriften mit stärkerem Duktus, vor allem Serifenlose Linear-Schriften mit kleineren Innenhöfen, vertragen weniger Abstand als lichte, die sich durch ihr helleres Umfeld nicht so stark zu einer Zeile verbinden.

Dreisprachiger Katalog, je Sprache eine Spalte im Rauhsatz

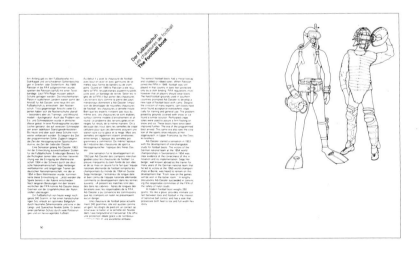

5.4.3 Die Ausstattung

Wir dürfen hier grob betrachtet von zwei Gestaltungselementen ausgehen: einem grafischen und einem fotografischen. Während es sich beim grafischen Element um Schrift, Linien, Zeichnungen und Zeichen handeln kann, betrifft das fotografische Element nur Aufnahmen. Vereinfacht ausgedrückt geht es um Strich und Fläche.

Die Schrift als Einzelzeile ist Strich. Sie wird in mehreren Zeilen aber zur Fläche. Als Strich wird sie am Duktus gemessen und dieser wird zum Vergleichswert gegenüber anderen Elementen. Stimmen seine Merkmale (linear oder nicht linear) mit den anderen überein, so entsteht eine Betonung, die in konsequenter Ausführung zum Stil werden kann.

Stil ist ja das gleichmäßige Wirken mehrerer Fakten in eine Richtung. In der Gotik war diese Richtung vertikal, in der Renaissance horizontal, im Barock geriet sie ins Kreisende, Tänzerische.

In unserem Fall kann Strich und Fläche aber auch Strich in der Fläche heißen, wenn Schrift in ein Bild kopiert wird. Die Schrift wird zum Bestandteil des Bildes, wenn sich ihre Tendenz mit der des Bildes deckt, wobei das optische Gewicht der Schrift das des Bildes nicht aufheben soll.

Ähnlich verhält es sich, wenn der Text als Fläche zum Bild gestellt wird. Auch hier soll der Tonwert des Textes nicht stärker sein als der des Bildes. Hingegen wird das Verhältnis der Bildfläche zur Textfläche davon abhängen, ob das Bild eine Erläuterung des Textes darstellt oder umgekehrt.

Gestaltungselemente, die in ihrer Struktur nicht zueinander passen, werden durch eine andere Farbe verträglicher. Das Auge wird von der Kontur abgelenkt und vom anderen Tonwert beansprucht.

Der Reiz grafischer Strukturen liegt in ihren unterschiedlichen Strichwerten

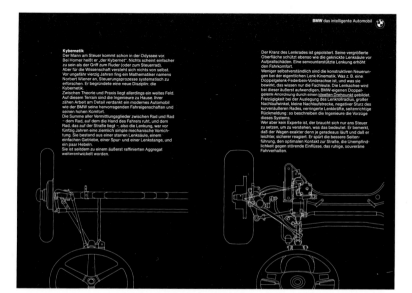

Hier wird der Text zur Fläche. Aber auch der unbedruckte Teil ist bewußt gestalteter Raum

In der Bildfläche ergibt die Schrift einen eigenen Tonwert

Auf diesen Seiten steht der Text als Kontrapunkt zum Bild

5.4.4 Der Gestaltungsraster

Jede größere Aufgabe benötigt zu ihrer Lösung ein Organisationsinstrument. Das Buch hat den Satzspiegel, der sicherstellt, daß eine gewisse Einheit im Seitenaufbau gewährleistet wird. In der Werbung werden ähnlich große Aufträge, wie Zeitschriften, Kataloge oder Broschüren, über einen Gestaltungsraster bewältigt. Vor allem bei einer größeren Menge zu verarbeitender Elemente, wie unterschiedliches Bildmaterial, Marken, Zeichen, Tabellen und Formeln, ist er das ideale Ordnungsmittel.

Ehe der Raster angelegt, das Blatt in kleinste Parzellen unterteilt werden kann, müssen drei Punkte geklärt sein: die Schrift, die vorgesehene Spaltenbreite und die beabsichtigte Seitenhöhe. Basiseinheit des Rasters ist das Rasterfeld.

Die Textspalte ist meist ein Vielfaches der Breite dieses Feldes. Die Höhe des Rasterfeldes umfaßt in der Regel eine ungerade Zahl von Zeilen. Ungerade Zahlen führen nicht nur zu reizvolleren Verhältnissen, sondern erleichtern auch den Teilungsmodus.

Zunächst müssen wir feststellen, daß unsere Zeilen einen gewissen Abstand zueinander halten. Nehmen wir die Mitte dieses Abstandes ober- und unterhalb der Zeile und ziehen dort eine Linie, so bekommen wir in unserem Falle von Linie zu Linie 4,5 mm Abstand. Addieren wir diesen Raum dreimal, ergibt das das Höhenmaß eines Rasterfeldes.

Gehen wir also von einem dreizeiligen Rasterfeld aus, wie es in diesem Buch angewendet wurde, so beginnt das erste Feld bei der oberen Linie der ersten Zeile und endet mit der unteren Linie der dritten Zeile. Das zweite Rasterfeld schließt an das erste mit der oberen Linie der fünften Zeile an und endet mit der unteren Linie der siebten Zeile. Zwischen den Feldern beträgt der Abstand immer eine ganze Zeilenabmessung. Alle weiteren Felder werden nach dem gleichen Schema erstellt.

Auf diese Weise unterteilt man erst eine Spalte und anschließend das ganze Blatt. Vorhandene Abbildungen, Marken oder Zeichen haben die Größe eines oder mehrerer Felder. Der Text stimmt in der Breite mit dem Raster überein, muß in der Höhe nicht unbedingt die Spalte füllen. Zeichnungselemente, die diese Begrenzung etwas überziehen, fallen optisch nicht ins Gewicht. Hingegen müssen Abbildungen mit geraden Umrissen genaue Rastergröße besitzen.

Dreizeiliges Rasterfeld

Der in diesem Buch verwendete Raster kann in der Breite zwei-, vier- oder auch achtspaltig unterteilt werden. In der Höhe zählt er zwölf Rasterfelder untereinander.

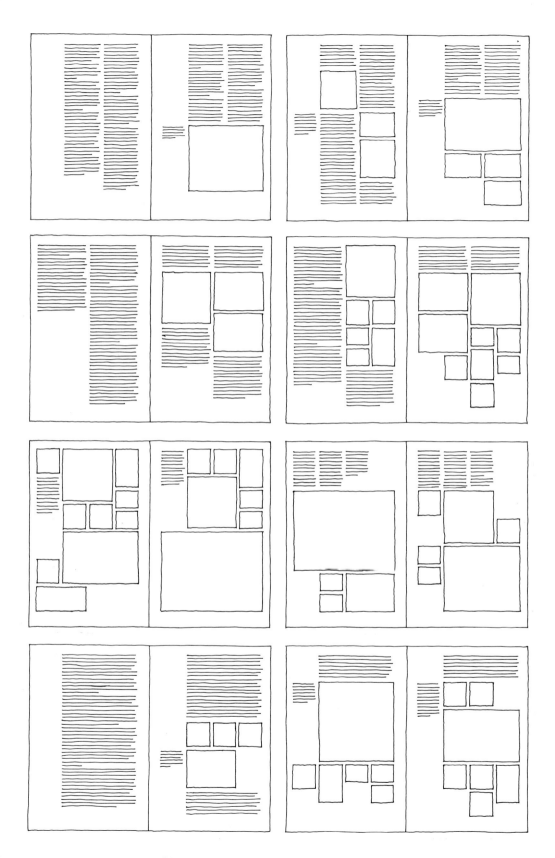

5.5 Senden

Typografie auf dem Bildschirm unterscheidet sich von allen anderen typografischen Mustern schon dadurch, daß die Erscheinung der Schrift zeitlich begrenzt ist. Hinzu kommt, daß hier ein statisches Medium von einem sich bewegenden Medium erzeugt wird. War Schrift häufig das Schwarze auf dem Weißen, so ist sie hier ebenso häufig zum Weißen auf dem Schwarzen geworden. War das Weiß des Papiers eine Reflexion des Lichtes, so ist es auf dem Bildschirm das Licht selbst. All das verlangt einen anderen Umgang mit der Schrift.

R auf dem Bildschirm eines Fernsehgerätes

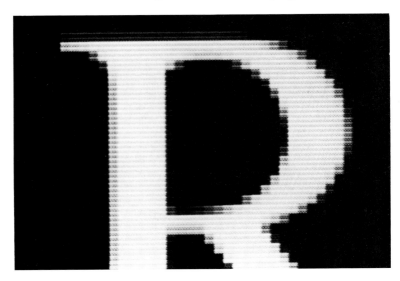

5.5.1 Die Bildröhre

Bei ihr handelt es sich um einen luftleeren Glaskolben mit einer dünn aufgetragenen Leuchtschicht hinter dem Schirm. Dieser Schirm dient als ›Schreibfläche‹, wobei der Kathodenstrahl als ›Schreibstift‹ betrachtet werden kann.

Der Kathodenstrahl besteht aus einer Anzahl gebündelter Elektronen, die vom elektronenoptischen System im halsförmigen Teil der Röhre ausgesandt werden. An der Stelle, an der sie auf die Leuchtschicht treffen, leuchtet der Bildschirm auf.

Da Elektronen negativ geladen sind, können sie von einem positiv geladenen Gegenstand angezogen werden. Auf diese Weise läßt sich der Kathodenstrahl lenken. Gesteuert wird er von Magnetspulen, die unsere Abbildung auf der gegenüberliegenden Seite durch zwei leicht gebogene Striche markiert.

Die Impulse zur Strahlenerzeugung erhält die Röhre über den Sender, der zudem die Intensität des Schreibstrahls übermittelt. Das sind jene Angaben, die ein helleres oder weniger helles Aufleuchten des Bildschirms bewirken.

Damit wird der Kathodenstrahl zum ferngesteuerten Schreibwerkzeug. Um aber schreiben zu können, benötigt er mindestens zwei Instruktionen, nämlich an welcher Stelle und mit welcher Intensität oder Helligkeit er schreiben soll. Beide Informationen werden vom Studio über den Sender und die Empfangsantenne an die Röhre erteilt.

Erzeugt werden sie von der Bildaufnahmeröhre, die in den Fernsehkameras hinter dem Objektiv liegt. Diese Röhre arbeitet wie die Bildröhre, nur daß ihr Arbeitsablauf umgekehrt stattfindet. Während die Bildröhre elektrische Impulse empfängt und diese entsprechend

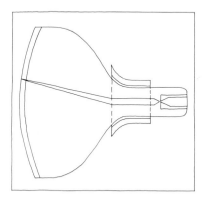

Kathodenstrahlröhre mit Strahlerzeugersystem, Leuchtschicht und Strahl. Die Linien außerhalb der Röhre stellen Magnetspulen dar

ihrer Stärke als hellere oder dunklere Bildpunkte wiedergibt, wird in der Bildaufnahmeröhre das auf ihr abgebildete Objekt nach hellen und dunklen Stellen abgetastet und in jene elektrischen Impulse umgewandelt. Die eine Röhre baut ein Bild sozusagen ab, die andere baut es auf.

Beim Farbfernsehen ist man davon ausgegangen, daß mit drei Grundfarben alle Farbtöne erzeugt werden können. Diese Grundfarben sind Rot, Grün und Blau (additive Farbmischung). Die Farbbildröhre ist demzufolge gegenüber der Schwarz-Weiß-Röhre bei den wichtigsten Teilen dreifach ausgestattet. So besitzt sie drei Strahlerzeugersysteme, von denen je ein System für eine bestimmte Grundfarbe zuständig ist. Ebenso sind die Leuchtstoffpunkte auf dem Leuchtschirm in den drei Grundfarben angeordnet, wobei die Farbpunkte immer nur dann aufleuchten, wenn sie von ›ihrem‹ Kathodenstrahl dazu angeregt werden.

Da die Punkte sehr klein sind, werden sie vom Auge einzeln nicht wahrgenommen. Vielmehr verschwimmen sie mit anderen in ihrer Umgebung zu einer Grund- oder Mischfarbe, je nachdem, wie viele der eigenen oder der anderen Farbe vom Kathodenstrahl angesprochen werden.

5.5.2   Das Format

Für den Gestalter stellt sich zunächst immer die Frage nach der Größe als dem Ausgangspunkt seiner Arbeit. In unserem Falle ist es weniger ein genaues Format als vielmehr ein gewisses Seitenverhältnis.

Während in der Lesetypografie der Goldene Schnitt, also ein Seitenverhältnis von 5:8, als ideal gilt, in der Verwaltungstypografie überwiegend das DIN-Format mit seinem Verhältnis von 5:7 angewendet wird, arbeitet das Fernsehen mit einem Seitenverhältnis von 4:3.

Vier Standtitel oder Inserts im Seiten-Verhältnis 4:3

Auch wenn der Bildschirm aller Gerätegrößen ein Verhältnis von etwa 5:4 aufweist, so gilt als Ausgangsformat im Sender dennoch international ein Verhältnis 4:3, da auf dem Bildschirm links und rechts ein schmaler Streifen verlorengeht.

Zwei Bilder eines Trickfilm-Vorspannes oder Trailers

Das Verhältnis 4:3 liegt allen Arbeiten zugrunde, ganz gleich, ob es sich um einen Standtitel oder ob es sich um die Trickverfilmung eines Vorspannes handelt.

5.5.3 Der Raster

Wo immer wir Bilder wiedergeben, geschieht das über einen Raster. In der Fotografie erhalten wir sie über den Kornraster, bei den meisten Druckverfahren entstehen sie durch den Punktraster und im Fernsehen bauen sie sich aus einem Zeilenraster (schwarz-weiß) oder einem Lichtpunktraster (farbig) auf.

Der Zeilenraster entsteht durch den Kathodenstrahl, der jedes Bild in einer bestimmten Anzahl von Zeilen auf den Bildschirm ›schreibt‹. Für ein vollständiges Bild benötigt er bei uns eine Fünfundzwanzigstel-Sekunde. Man kann auch sagen, er schreibt in einer Sekunde fünfundzwanzig Bilder. Diese Bilder schreibt er aber in zwei Durchläufen. Das heißt, er schreibt zuerst die Zeilen der ungeraden Zahlenfolge, also eins, drei, fünf und so weiter und im zweiten Durchlauf die in gerader Zahlenfolge, also zwei, vier, sechs und so fort.

Genau betrachtet schreibt er somit in der Sekunde fünfzig Halbbilder, die uns nur dank der hohen Schreibgeschwindigkeit als ganze Bilder erscheinen. Dieser zweimalige Durchlauf ist notwendig, weil dadurch je Sekunde nicht fünfundzwanzig, sondern fünfzig Halbbilder entstehen und ein Flimmern auf dem Bildschirm verringern.

Der Strahl läuft von links nach rechts und von oben nach unten. Dabei muß er nach jeder Zeile von rechts nach links und nach jedem Halbbild von unten nach oben zurückspringen. Das Bild und mit ihm die Schrift werden im Fernsehen also horizontal zerlegt. Man könnte auch sagen, es wird in Streifen zusammengefügt.

Auch der Lichtpunktraster des Farbfernsehens wird zeilenweise geschrieben. Hier ist dem Schreibstrahl lediglich eine Lochmaske vorgeschaltet, die bewirkt, daß der Strahl nur bestimmte Punkte des Bildschirms trifft. Im übertragenen Sinne hat die Lochmaske die Aufgabe eines Farbfilters. Da im Farbfernsehgerät drei Strahlen gleichzeitig schreiben, verhindert die Maske, daß keiner der Strahlen andere als die ihm zugeordneten Farbpunkte erreicht.

Gerasterte Schrift verliert ihre Schärfe. Hier ein vom Fernsehraster aufgelöster Buchstabe

5.5.4   Das Auflösungsverhältnis

Die Wiedergabe eines Bildes durch einen Korn-, Punkt- oder Linienraster wird um so genauer, je mehr Körner, Punkte oder Linien ein Bild enthält, in je mehr solcher Elemente es aufgelöst ist.

Nach der alten Fernsehnorm zählte der Fernsehraster in Deutschland 625 Zeilen je Bild, in Großbritannien 405, in Frankreich 819 und in den USA 525 Zeilen. Die neue Norm bestimmt, daß in Deutschland, Frankreich und Großbritannien einheitlich 625 Zeilen angewendet werden, während es in den USA bei 525 Zeilen bleibt.

Die Zahl der Zeilen ist auf allen Bildschirmgrößen des jeweiligen Landes gleich. So kann eine kleine Schrift auf einem großen Bildschirm größer sein als eine große Schrift auf einem kleinen Bildschirm.

Das Auflösungsverhältnis spielt aber nicht nur bei der Schriftgröße, sondern ebenso bei der Schriftart eine Rolle. Weil der Schreibstrahl immer horizontal läuft, unsere heute gebräuchlichsten Schriften (Antiqua) aber überwiegend aus senkrechten, diagonalen und runden Elementen zusammengesetzt sind, werden diese Elemente vom Raster stärker deformiert als die waagerechten. Besonders stark betroffen sind die Kursiv- und Schreibschriften.

Vom Schriftgenerator gezeichnete Schrift, deren Größe auf einer bestimmten Anzahl von Schreiblinien basiert

Da im Fernsehen die Größe und die Strichstärke einer Schrift zwei Faktoren darstellen, die aufeinander bezogen sind, kann anhand der Schriftklassifikation hier kaum eine Regel für die Verwendbarkeit bestimmter Schriften aufgestellt werden. Als grobe Richtschnur mag folgendes gelten: Je kleiner das Auflösungsverhältnis ist, aus je weniger Bildschirmzeilen eine Schrift zusammengesetzt wird, desto einfacher soll sie gestaltet, desto offener sollen die Buchstabeninnenräume (Punzen) gehalten sein. Umgekehrt kann eine Schrift bei hohem Auflösungsverhältnis, also aus vielen Bildschirmzeilen zusammengesetzt, feinere Details besitzen.

5.5.5 Schrift auf dem Bildschirm

Die Maßeinheit für Schrift auf der Bildröhre ist weder der typografische Punkt noch der Millimeter, sondern die Bildschirmzeile. Daß sie nicht immer angewendet wird, liegt an der Art, wie der Text auf den Bildschirm kommt.

Der vom Fernsehen übernommene Spielfilm beispielsweise hat die Schrift schon einkopiert. Da der Film ursprünglich für das Vorführgerät der Lichtspielhäuser gedacht war, hat er keinerlei Rücksicht auf den Bildschirm genommen. Die Schrift wird also hier teilweise zwischen die Zeilen des Fernsehrasters geraten und dadurch an Schärfe einbüßen. Andererseits bringt sie den Vorteil, daß beim Einkopieren auf den Hintergrund geachtet wurde und so helle Schrift nicht auf hellem Grund steht und umgekehrt dunkle nicht auf dunklem.

Wird die Schrift mit der Kamera von einem Tableau weg aufgenommen, was heute noch die gebräuchlichste Art ist, Schrift auf den Bildschirm zu bringen, so besteht keine Kontrolle darüber, aus wie vielen Bildschirmzeilen sie hinterher bestehen wird, so daß unter Umständen charakteristische Teile durch die Auflösung verloren gehen. Bei den sogenannten Standtiteln oder Inserts, also den mit der Kamera aufgenommenen und zur Kombination mit anderen Bildern an das Mischpult weitergeleiteten Signalen der Schrift, handelt es sich um Aufsichtsvorlagen, die auf einem Pult befestigt sind. Auf ihnen ist die Schrift gezeichnet oder über den Fotosatz oder Abreibebogen hergestellt. Weil bei der Aufnahme die Kamera selten im rechten Winkel zum Pult steht, ergeben sich schon hier Unschärfen. Hinzu kommt, daß während des Überspielens die Schrift auf einen unvorbereiteten Hintergrund trifft. Das heißt, sie kann ebenso einen dunklen wie einen hellen Grund vorfinden.

Der Schriftgenerator, eine für das Fernsehen konstruierte Setzmaschine speichert die Schrift in einer den Bildschirmzeilen entsprechenden Größe. Hier besteht auch die Möglichkeit, wie in einem Trickmischer, Schrift elektronisch zu konturieren, das heißt, dunkle Schrift mit einem hellen und helle Schrift mit einem dunklen Rand zu versehen, so daß sie sich vor jedem Hintergrund abhebt.

Kleine Schrift wird durch die Bildschirmzeilen stärker deformiert als große

Anhang

6.1 Maßtafel

Didot-Punkte p	English Points pt	Versalhöhe etwa mm	Bleisatz Größen Nr.	Maße alt mm	Maße neu mm
1	1,070			0,376	0,375
2	2,139			0,752	0,750
3	3,210			1,128	1,125
4	4,280	1,00	4	1,504	1,500
5	5,349	1,50	5	1,879	1,875
6	6,419	1,75	6	2,255	2,250
7	7,489	2,00	7	2,631	2,625
8	8,559	2,25	8	3,007	3,000
9	9,629	2,50	9	3,383	3,375
10	10,699	2,75	10	3,759	3,750
11	11,769			4,135	4,125
12	12,839	3,50	12	4,511	4,500
13	13,909			4,887	4,875
14	14,979	4,00	14	5,263	5,250
15	16,049			5,638	5,625
16	17,118	4,50	16	6,014	6,000
17	18,188			6,390	6,375
18	19,258	5,00	18	6,766	6,750
19	20,328			7,142	7,125
20	21,398	6,00	20	7,518	7,500
21	22,468			7,894	7,875
22	23,539			8,270	8,250
23	24,608			8,646	8,625
24	25,678	6,75	24	9,023	9,000
25	26,748			9,398	9,375
26	27,814			9,773	9,750
27	28,887			10,149	10,125
28	29,957	8,00	28	10,525	10,500
29	31,027			10,901	10,875
30	32,097			11,277	11,250
31	33,167			11,653	11,625
32	34,237	9,00	32	12,029	12,000
33	35,307			12,405	12,375
34	36,377			12,781	12,750
35	37,447			13,157	13,125
36	38,516	10,00	36	13,532	13,500
37	39,586			13,908	13,875
38	40,656			14,284	14,250
39	41,726			14,660	14,625
40	42,796			15,036	15,000
41	43,866			15,412	15,375
42	44,936			15,788	15,750
43	46,007			16,164	16,125
44	47,077			16,539	16,500
45	48,146			16,916	16,875
46	49,215			17,291	17,250
47	50,285			17,667	17,625
48	51,355	13,00	48	18,043	18,000

6.2 Römische Zahlzeichen

alt	neu		alt	neu	
I		1	LVI		56
II		2	LVII		57
III		3	LVIII		58
IIII	IV	4	LVIIII	LIX	59
V		5	LX		60
VI		6	LXI		61
VII		7	LXII		62
VIII		8	LXIII		63
VIIII	IX	9	LXIIII	LXIV	64
X		10	LXV		65
XI		11	LXVI		66
XII		12	LXVII		67
XIII		13	LXVIII		68
XIIII	XIV	14	LXVIIII	LXIX	69
XV		15	LXX		70
XVI		16	LXXI		71
XVII		17	LXXII		72
XVIII		18	LXXIII		73
XVIIII	XIX	19	LXXIIII	LXXIV	74
XX		20	LXXV		75
XXI		21	LXXVI		76
XXII		22	LXXVII		77
XXIII		23	LXXVIII		78
XXIIII	XXIV	24	LXXVIIII	LXXIX	79
XXV		25	LXXX		80
XXVI		26	LXXXI		81
XXVII		27	LXXXII		82
XXVIII		28	LXXXIII		83
XXVIIII	XXIX	29	LXXXIIII	LXXXIV	84
XXX		30	LXXXV		85
XXXI		31	LXXXVI		86
XXXII		32	LXXXVII		87
XXXIII		33	LXXXVIII		88
XXXIIII	XXXIV	34	LXXXVIIII	LXXXIX	89
XXXV		35	LXXXX	XC	90
XXXVI		36	LXXXXI	XCI	91
XXXVII		37	LXXXXII	XCII	92
XXXVIII		38	LXXXXIII	XCIII	93
XXXVIIII	XXXIX	39	LXXXXIIII	XCIV	94
XXXX	XL	40	LXXXXV	XCV	95
XXXXI	XLI	41	LXXXXVI	XCVI	96
XXXXII	XLII	42	LXXXXVII	XCVII	97
XXXXIII	XLIII	43	LXXXXVIII	XCVIII	98
XXXXIIII	XLIV	44	LXXXXVIIII	XCIX	99
XXXXV	XLV	45			
XXXXVI	XLVI	46	C		100
XXXXVII	XLVII	47	CC		200
XXXXVIII	XLVIII	48	CCC		300
XXXXVIIII	XLIX	49	CCCC	CD	400
L		50	D		500
LI		51	DC		600
LII		52	DCC		700
LIII		53	DCCC		800
LIIII	LIV	54	DCCCC	CM	900
LV		55	M		1000

Abbildung 104, 128, 129, 131
Absatz 34
Absenderfeld 115, 117
Abstand, Spalten- 101
Abstand, Wort- 78, 79, 98
Abstand, Zeilen- 80, 81, 98, 101
Adreßbuch 64
Ägypten 16, 20, 21
ägyptisch 18, 19
Akzente 44
Alphabet 16, 21
Alphabet, griechisches 120
Anführungszeichen 45
Anhang 104
Anschläge 98
Anschriftenfeld 115, 117
Antimon 38
Antiqua 36
Antiqua, Barock- 36, 71, 73, 94, 95, 107, 126
Antiqua, Handschriftliche 75
Antiqua, Klassizistische 36, 71, 73, 74, 94, 96, 126
Antiqua, Renaissance- 36, 71, 73, 74, 94, 107, 126
Antiqua, Serifenbetonte Linear- 36, 71, 73, 74, 94, 126
Antiqua, Serifenlose Linear- 36, 71, 73, 75, 94, 97, 121, 126
Antiqua-Variante 74
Antiqua, Venezianische 33
Anzeigen 51
Apostroph 45
Arabisch 77
Auflösungsverhältnis 136
Aufnahmen, fotografische 127
Ausrufezeichen 45
Auslassungszeichen 45
Ausschluß 78, 79

Band 39
Barock 35
Baskerville, John 74
Bastarde 35
Bausteine, Hamburger 51
Befehlsstruktur, elektromagnetische 39
Beistrich 45
Benzolringe 123
Bestellschein 113
Betonung 66, 67
Betonungszeichen 44
Bezugszeichen 115
Blei 38
Bild 15, 127, 128, 131
Bildaufnahmeröhre 133
Bildausschnitt 56
Bildband 105
Bildfläche 127, 128
Bild, fotografisches 53, 56
Bild, Raster- 56

Bildröhre 132, 133
Bildschirm 132, 133
Bildschirmzeile 137
Bildstärke 48
Bild, Strich- 56
Bildstruktur 56
Bindestrich 45
Blocksatz 103
Bodoni, Giambattista 71, 73, 74
Bogen 105
Bogenformat 105
Briefblatt 113, 115, 119
Briefblatt, DIN- 115, 116, 117, 118, 119
Broschüren 101, 129
Bruchstrich 47, 122
Bruchziffern 37, 47, 101, 123
Buchblock 104, 105
Buch, Charakter 103
Buchdecke 105
Buchformat 103
Buchstaben 16, 92
Buchstabe, Anfangs- 34
Buchstabe, Blei- 62
Buchstabencode 67
Buchstabenform 17, 18, 19
Buchstaben, Klein- 40, 42
Buchstabeninnenraum 78, 79, 105, 127
Buchstabenverbindungen 43
Buchumschlag 64
Buchtitel 104, 105
bustrophedon 92

Capitalis monumentalis 17
Capitalis quadrata 17, 24, 36
Centum 46
Copyright 4, 104

Datenträger, elektromagnetische 39, 63
Datum 115
Dedikation 104
Didot-System 63
Dimidius 46
DIN-Norm 106
DIN-A-Reihe 116
Diskette 39
Divis 45
Doppelpunkt 45
Drahtwort 115, 117
Dreieck 17, 40, 41, 51, 79
Dreilinienaufbau 40
Druckschriften 37
Druckschriften, Gebrochene 70, 72
Druckvermerk 104
Duktus 40, 47, 50, 54, 56, 108
Durchschuß 78

Einband 104, 105
Eintrag 84, 107

Eintrag, Computer- 106, 113
Eintrag, Hand- 109, 112
Eintrag, Schnelldrucker 112, 113
Eintrag, Schreibmaschine 109, 112, 113
Einzug 87
Endlosdruck 114
Exponent 122
et-Zeichen 45

Farbe 55, 119
Farbfernsehen 133
Farbfilter 135
Farbmischung, Additive 133
Faltmarke 115, 117
Felsbilder 21
Fernschreiber 115, 117
Firmenimage 119
Firmenzeichen 54
Fixation 92
Fläche 50, 56, 127, 128
Flattersatz 103
Floppy-Disk 39
Folio 105
Folio, Groß- 105
Format 134
Formular 84, 106, 108
Formel, Summen- 123
Formel, Struktur- 123
Formelsatz, chemischer 123
Formelsatz, mathematischer 122
Formular, Endlos- 106
Fotografie 135
Fotoschablone 63
Fragezeichen 45
Fraktur 35, 36, 70, 72, 121
Fraktur, Barock- 70, 72, 76
Fraktur, gotische 76
Fraktur, klassizistische 70
Fraktur, rundgotische 70
Fraktur, spätgotische 76
Fraktur-Varianten 76
Freiräume 86, 87
Frontispiz 104
Fußnote 86, 101, 102

Gänsefüßchen 45
Garamond, Claude 74
Garnitur, fette 35, 121
Garnitur, halbfette 121
Gedankenstrich 45
Gedichtsatz 79
Geschäftsausstattung 106, 119
Geschäftszeit 115
gliedern 66, 67
Gliederungszeichen 45
Gotik 34
gotisch 30
griechisch 14
Griechenland 20
Griffel 17

Größe, Bildschirm- 136
Größe, Fern- 64
Größe, Konsultations- 64, 102, 104, 107
Größe, Lese- 64, 65, 104, 107, 126
Größe, Nah- 64
Größe, Schau- 64, 65, 125
Größe, Schrift- 82, 89
Großbuchstaben 34, 40, 63, 66, 79, 94
Großschreibung 34
Groß- und Kleinschreibung 36
Grundfarben 133
Grundlinie 38, 42
Guß 14
Gutenberg 14, 34

Handschrift 24, 25, 26, 27, 28, 29, 30, 32, 36, 51, 70
Hausnummer 115
Headline 125
Heftrand 115, 117
Hebräisch 77
Hieroglyphen, ägyptische 16, 18, 19, 21, 92
Hieroglyphen, hieratische 16
Hieroglyphen, demotische 16
Holzschnitt 56
Hüllen, Fenster- 118, 119
Hüllen, DIN- 116, 118, 119

Impressum 4, 104
Impulse, elektromagnetische 63
Impulskombination 63
Indizes 122
Inhaltsverzeichnis 7, 104
Initial 102
Insert 134, 137
ISBN 4, 104
Interpunktionen 45

Jahrhunderte 16
Japanisch 77
Jenson, Nicolas 74
Jugendstil 35

Kapitälchen 40, 101
Kapitale 40
Kapitel 46, 89, 102
Kapitelende 51, 102
Karteikarte 84, 106, 108
Kassette 39
Kataloge 129
Kathodenstrahl 39, 63, 67, 132, 133, 135
Kathodenstrahlröhre 132, 133
Kinderbücher 105
Klassizismus 50
Klammern, eckige 45
Klammern, runde 45
Kleinbuchstaben 34
Kleinschreibung 34
Koch, Rudolf 76
Kolon 45

Kolumne, Schluß- 102
Kolumne, Spitz- 102
Kolumnentitel, lebender 86, 89
Kolumnentitel, toter 86, 88
Komma 45
Konten 115
Kontur 94
Kreis 17, 40, 41, 51, 79
Kursiv 42, 66, 67, 101, 121, 122, 136

Länge, Zeilen- 101
Laserstrahl 39, 63, 67
Laufweite 78, 80, 81, 125
Leiste 50
Leerräume 86, 87
Lese-Ebenen 122
lesen 15
Leserichtung 92
Leserhythmus 98
Lesesprung 98
Letter 14, 62
Leuchtschicht 132, 133
Leuchtstoffpunkte 133
Lexikon 64, 105
Lieferschein 115
Ligaturen 42
Lineament 50
Linie 37, 48, 56, 108, 110, 122
Linie, Azuree- 48
Linie, Englische 48
Linie, Fuß- 108
Linie, Hals- 108
Linie, Kolonnenunterteilungs- 108
Linie, Kopf- 108
Linie, Kopfabschluß- 108
Linie, Kopflängs- 108
Linie, Kopfunterteilungs- 108
Linie, Längs- 108, 110
Linie, Moiré- 48
Linienabstand 112, 113
Linienbild 48
Liniendicke 48
Linienduktus 108
Linie, Quer- 108
Linie, Rand- 108
Linie, Schreib- 109, 112, 113
linksbündig 84, 85
linksgestaffelt 84, 85
linksversetzt 84, 85
Literaturverzeichnis 104
Lochmarke 115, 117
Lochmaske 135

Magnetspulen 132, 133
Majuskel 40
Manual 55
Marginalie 86, 102
Marken 129
Markenzeichen 54
mehrspaltig 101
Meißel 17, 18
Messinglinien 48
Mille 46

Minuskel 42, 71
Minuskelform 47
Minuskel, humanistische 32, 34, 36
Minuskel, karolingische 17, 28, 34, 36
Mittellänge 17, 42
modifizieren 67

Negativ 63
Negativ, Buchstaben- 38
Norm 115
Normenbuch 55

Oberlänge 17, 42, 125
Oktav 105
Ordnungszahlen 46
Ornament 37, 105
Ort 115

Pagina 88, 89
Papier 105
Papierränder 98
Papyrus 17
Parenthese 45, 121, 122
Perl 113
Pfeil 51, 123
Phönizien 20
Phönizier 17, 21
phonetisch 21
Pica 114
Pica-Point 63
Pinsel 16, 17
Plakat 64
Platten 39
Postleitzahl 115
prägen 105
Presse 70
Punkt 45
Punze 78, 79, 127

Quadrat 51, 79
Quart 105
Quellennachweis 104

Rahmen 50
Randbemerkung 86, 102
Raster 135
Rasterfeld 129, 130, 131
Raster, Fernseh- 135, 136
Raster, Gestaltungs- 84, 129, 130, 131
Raster, Korn- 59, 60, 135, 136
Raster, Lichtpunkt 135
Raster, Zeilen- 135
Raster, Zirkel- 59
Rechnung 115
Rechteck 17, 40, 41, 79
Regentennamen 46
Register 86, 87
Registernummer 115
Regression 93
Reihensatz 107
Renaissance 35, 42, 50
Römer 17, 21
Rotunda 34, 35, 70, 72, 76
Rücken, Buch- 104, 105
Russisch 77
Rustica 17, 34

Sachregister 102, 104
Satz, Blei- 43, 47, 48, 49, 50, 51, 62
Satz, Block- 79, 80, 81, 82, 83, 84, 85, 126
Satz, einspaltiger 101
Satz, Flatter- 79, 82, 83, 84, 85, 126
Satz, Formel- 47, 120, 121, 122, 123
Satz, Foto- 38, 39, 43, 47, 48, 49, 50, 51, 63
Satz, Gedicht- 79, 82, 83, 84
Satz, Licht- 63
Satzmaterial 53
Satz, mehrspaltig 101, 126
Satz, Rauh- 79, 82, 83, 84, 85, 126
Satzspiegel 86, 88, 129
Satzspiegel, modern 98
Satzspiegel, konventionell 98, 99
Satzspiegelrand 98, 101
Schlagzeile 125
Schlußseite 102
Schmuck, typografischer 50
Schmutztitel 1, 104
Schreibgerät 70
Schreibhaltung 92
Schreibrohr 17
Schreibschritt 112, 113
Schreibstellen 119
Schreibstrahl 135
Schreibwerkzeug 16, 17, 18, 19
Schrift 23, 34
Schriftart 68, 69, 89
Schrift, breit 68, 69
Schriftcharakter 94, 95, 96, 97, 98
Schrift, gebrochene 34, 35
Schriftgenerator 136, 137
Schriftgeschichte 15
Schrift, gotische 70, 72
Schriftfamilie 89
Schrift, fett 69
Schrift, furchenwendig 92
Schrift, halbfett 69
Schriftkegel 62
Schrift, kräftige 69, 98
Schrift, leichte 68, 98
Schrift, Lese- 94, 126
Schriftlinie 38, 42
Schrift, linksläufig 92
Schrift, mager 68
Schrift, Metall- 38, 42
Schrift, normal 68
Schrift, rechtsläufig 92
Schrift, Renaissance- 71, 73
Schrift, runde 36
Schrift, rundgotische 70, 72
Schrift, schmal 68, 69
Schrift, schräg 68, 69
Schrift, Schreib- 75, 121, 136
Schrift, spätgotische 70, 72
Schrift, standard 68, 69

Schrift, Titel- 64
Schwabacher 34, 35, 70, 72, 75
Schulbuch 105
Sedez 105
Seite 86, 87, 98
Seitenformat 103
Seitenverhältnis 134
Seitenzahl 86, 88, 89
Semikolon 45
Serifen 42, 71, 73, 125
Signet 54
Sinn- und Symbolträger 37
Spalten 101
Spaltenbreite 129, 130, 131
sperren 66
Spitzkolumne 102
Sprache 15
Standtitel 134, 137
Stein 16
Startzeichen 115
Steuerimpulse 38
Stil 127
Strahlerzeugung 132
Straße 115
Strich 127
Strichpunkt 45
Strophe 84
Symbole 49
Symbole, chemische 121, 123
System, Didot- 114
System, metrisches 114
System, Pica- 114
System, typografisches 114
System, Zoll- 114

Tabelle 106, 108
Tabellenaussage 110
Tabellenhinweis 110
Tabellenkopf 107
Tabellentext 107
Taschenbücher 98, 105
Telefon 115, 117
Telefonbuch 64
Text, Body- 126
Textfläche 127, 128
Text, Konsultations- 104
Text, Lese- 93, 98
Text, Mengen- 93
Text, Rede- 126
Text, Ruf- 125
Textur 30, 31, 34, 35, 70, 76
Titel 103
Titelei 104, 105
Tonwert 127, 128
Tonwertumfang 59
Trump, Prof. Georg 75
Type 14
typisch 14
Typografie 9, 14
Typografie, Lese- 91, 134
Typografie, Verwaltungs- 91, 106, 112, 114, 135
Typografie, Werbe- 124
Typografie, Wissenschaftliche 120
Typos 14

Typosignale 37, 51

Überschrift 46, 84, 86, 87, 89, 101, 102, 103
unterstreichen 66
Unterlänge 17, 42, 125
Unziale 17, 26, 34
Unziale, Halb- 17, 27, 34

vakat 104
Verfasser 104, 105
Verlag 104, 107
Verlagssignet 104
Versalform 47
Versalhöhe 63
Versalien 40, 94, 101
Versalkursive 17
Versmaß 83
Vertikalhöhe 63
Vierlinienaufbau 17, 34, 47, 129
Vignette 37, 51, 102
Vordruck 84, 107
Vorschub 78
Vorwort 104

Wagner, Hans 74
Warenzeichen 54
Warnmarke 115, 117
Werkzeug 14
Widmung 104
Wort 16
Wortabstand 79
Wortbild 92
Wortmarke 54
Wortumriß 92, 94
Wurfzettel 51

Zahlzeichen, römische 46
Zeichen 18, 19, 37, 49, 129
Zeichen, astronomische 49
Zeichen, Bezugs- 115
Zeichen, chemische 49, 121, 122, 123
Zeichen, Fahrplan- 49
Zeichen, Integral- 121, 122
Zeichen, Operations- 123
Zeichen, mathematische 49, 121, 122
Zeichen, postalische 49
Zeichen, Summen- 121, 122
Zeichen, Tierkreis- 49
Zeichen, Wertigkeits- 123
Zeichnungen 127
Zeigefinger 51
Zeilenabstand 78, 79, 80, 81, 98, 101, 127
Zeilenanordnung 84, 85
Zeilenart, episch 82
Zeilenart, lyrisch 82
Zeilen, Ausgangs- 87
Zeilenlänge 79, 82, 83, 98, 101
Zeilenraster 84, 87
Zeilenschaltung 78, 112, 113
Zeilen, versetzte 84, 85
Zeilenzahl 101, 136
Zierart 37, 50, 51

Zierstück 51
Ziffern 47, 86, 122, 123
Ziffern, Charakter- 47
Ziffern, Mediäval- 47
Ziffern, Minuskel- 47

Ziffern, nautische 47
Ziffern, Versal- 47
Zinn 38
Zolleinteilung 112, 113

Zweilinienaufbau 17, 34, 46, 47
zweispaltig 101
Zurichtung 78

6.4 Bild- und Textnachweis (die Zahlen sind Seitenangaben)

Abbildungen

18 und 19 Christian Mengelt, Münchenstein
22 Thomas Lüttge, Ascholding
23 Jost Hochuli, St. Gallen
24 bis 33 André Gürtler, Basel
54 dtv, Celestino Piatti (Schweiz)
54 Wollsiegel, Francesco Saroglia (Italien)
54 IBM, Paul Rand (USA)
54 CN, Allan R. Fleming (Kanada)
54 und 55 Münchener Rück, Anton Stankowski, Stuttgart
55 ZDF, Otl Aicher, Rotis
57 HAP Grieshaber, Reutlingen
58 Fritz Steinert, Bernried
58 Thomas Lüttge, Ascholding
59 Roswitha Quadflieg, Hamburg
60 Thomas Lüttge, Ascholding
100 Französische Maler illustrieren Bücher, Jahresgabe 1965, Höhere Fachschule für das Graphische Gewerbe, Stuttgart
100 Deutsches Mosaik – ein Lesebuch für Zeitgenossen, offizielles Geschenkwerk des Organisationskomitees für die Spiele der XX. Olympiade München 1972, Suhrkamp Verlag, Frankfurt/Main
100 Jean Paul, Des Luftschiffers Giannozzo Seebuch, © 1975 Bibliothek SG, Buchdruckerei Schumacher-Gebler, München
100 J.T., Jan Tschichold, Eine Jahresgabe der Typographischen Gesellschaft München
102 Märchen deutscher Dichter, Ausgewählt von Elisabeth Borchers, © 1972 Insel Verlag, Frankfurt/Main
106 Computerformular der Bayerischen Rückversicherung AG, München
109 Formulartabelle der XX. Olympischen Spiele in München
109 Formular des SOS-Kinderdorf e.V., München
109 Diagramm der Bayerischen Rückversicherung AG, München
109 Tabelle, Zehnjahresübersicht der BMW AG, München
111 Tabelle der Dyckerhoff & Widmann AG, München
119 Briefblatt mit Hülle, SOS-Kinderdorf e.V., München
119 Briefblatt mit Hülle, Bayerische Motoren-Werke AG, München
122 H. Stürtz AG, Würzburg
123 H. Stürtz AG, Würzburg
126 Sport und Design, Katalog zur Ausstellung des Nationalen Olympischen Komitees für Deutschland
127 Anzeige, Bayerische Motoren Werke AG, München
128 Ferenczy Media-Prospekt
132 Monotype Times bei BBC, London
134 Bayerisches Fernsehen, Grafik-Studio, Bayerischer Rundfunk, München und Lothar Koßmehl, München
136 und 137 Schrift mit dem Schriftgenerator Aston 2

Alle Zeichnungen im Buch fertigte das Büro Schwaiger-Winschermann, München

Texte

65, 80, 81, 83, 95, 96, 97 Karl Krolow, Lesen Sie, um zu leben, Jahresgabe 1981 der Typographischen Gesellschaft München
85 Karl Kraus: Werke in 14 Bänden und 3 Supplementbänden. Hrsg. v. Heinrich Fischer. Kösel-Verlag, München, ab 1956
86 und 87 Heinz Piontek, Paraphrase über Gedrucktes, Jahresgabe 1981 der Typographischen Gesellschaft München
87 Reiner Kunze, Dichter im Exil, Jahresgabe 1985 der Typographischen Gesellschaft München